Das Erste Englische Lesebuch für Kinder und Eltern

Elisabeth May

Das Erste Englische Lesebuch für Kinder und Eltern
Stufe A1
Zweisprachig mit Englisch-deutscher Übersetzung

LANGUAGE
PRACTICE
PUBLISHING

Das Erste Englische Lesebuch für Kinder und Eltern
von Elisabeth May

Audiodateien: www.lppbooks.com/English/DasErsteEnglischeLesebuchfurKinderundEltern/
www.audiolego.com

2. Ausgabe

Umschlaggestaltung: Audiolego Design
Umschlagfoto: Canstockphoto

Copyright © 2013 2017 2019 Language Practice Publishing
Copyright © 2017 2019 Audiolego

Alle Rechte vorbehalten. Das Werk ist urheberrechtlich geschützt.

Table of contents
Inhaltsverzeichnis

Englisches alphabet 8

So steuern Sie die Geschwindigkeit der Audiodateien 12

Chapter 1 This is 13

Chapter 2 What is this? 18

Chapter 3 Can you read? 24

Chapter 4 In the park 30

Chapter 5 I have a lot of friends 38

Chapter 6 The boy's bike 43

Chapter 7 Who are you? 49

Chapter 8 Anita is shorter than Dustin 66

Chapter 9 Picnic in the park 73

Chapter 10 What is my ball made of? 81

Chapter 11 Let us have breakfast 88

Chapter 12 How are you? 96

Chapter 13 I want to go fishing 105

Chapter 14 Spanish Tutor 114

Wörterbuch Englisch-Deutsch 122

Wörterbuch Deutsch-Englisch 129

Die 1300 wichtigen englischen Wörter 135

Days of the week 135

Months 135

Seasons of the year 135

Family 135

Appearance and qualities 136

Emotions 136

Clothes 137

House and furniture 137

Kitchen 138

Tableware 138

Food 139

Meat and fish	140
Fruit	140
Vegetables	141
Beverages	141
Cooking	141
Housekeeping	142
Body care	142
Weather	143
Transport	143
City	143
School	145
Professions	146
Actions	147
Music	147
Sports	148
Body	149
Nature	150
Pet	150
Animals	150
Birds	151
Flowers	151
Trees	152
Sea	152
Colors	152
Size	152
Materials	153
Airport	153
Geography	154
Crimes	154
Numbers	155
Ordinal numbers	155
Die unregelmäßigen Verben	157

Wichtige Adjektive 164
Körperliche Eigenschaften 165
Gegenteile 166
Buchtipps 167

Englisches Alphabet

Die englische Sprache wird im lateinischen Alphabet geschrieben. Es besteht aus denselben 26 Buchstaben, aus denen auch das deutsche Alphabet besteht. Sie werden jedoch anders ausgesprochen.

Sonderzeichen (außer: Apostroph, z.B. He'll…), Akzente und diakritische Zeichen kennt die englische Schrift nicht.

Buchstabe	Name	Aussprache (IPA)	Buchstabe	Name	Aussprache (IPA)
A	*a*	/eɪ/	O	*o*	/oʊ/
B	*bee*	/biː/	P	*pee*	/piː/
C	*cee*	/siː/	Q	*cue*	/kjuː/
D	*dee*	/diː/	R	*ar*	/ɑr/
E	*i*	/iː/	S	*ess*	/ɛs/
F	*ef*	/ɛf/	T	*tee*	/tiː/
G	*gee*	/dʒiː/	U	*u*	/juː/
H	*aitch*	/eɪtʃ/	V	*vee*	/viː/
I	*ei*	/aɪ/	W	*double-u*	/ˈdʌbljuː/
J	*jay*	/dʒeɪ/	X	*ex*	/ɛks/
K	*kay*	/keɪ/	Y	*wy*	/waɪ/
L	*el*	/ɛl/	Z	zed	/zɛd/, zee im Amerikanischen Englisch /ziː/
M	*em*	/ɛm/			
N	*en*	/ɛn/			

Vokalgruppen

En	De	Beschreibung	Beispiele
ai	ey	langes e, das in "i" übergeht	air (Lüft)
aw	o:	offenes, langes o	paw (Pfote)
ei	ey	langes e, das in "i" übergeht	eight (acht),
ei	ei	wie in Eifer	either [UK] (weder)
ei	i:	langes i, wie in Lied	deceit (Betrug)
ea	i:	langes i, wie in Lied	eat (essen)

ea	ä	offenes, kurzes ä	beaver (Biber)
ee	i:	langes i, wie in Lied	bee (Biene)
ie	ie	langes i, wie in Lied	believe (glauben)
ia	eia	das i (ei) und das a (ä) getrennt ausgesprochen	liability (Verpflichtung)
ia	iä	kurzes i und kurzes ä	billiard (Billard)
eu	ju	wie in jung	Euro (Euro)
ew	ju	wie in jung	new (neu)
ue	ju:	wie in jung	due (gültig)
oo	u	langes u, wie in Jugend	foot (Fuß)

Konsonantengruppen

En	De	Beschreibung	Beispiele
ch	tsch	wie checken	chat (Unterhaltung)
ch	k	wie Kranz	Chemical (chemisch)
ck	k	wie Nacken	lock (Schloss)
gh	f	wie in kaufen	laugh (lachen), enough (genug)
gh	-	ohne Betonung	through (durch)
ng	ng	wie springen	sing (singen)
qu	kw	wie Quitte, mit schwach betontem w	quit (beenden)
sh	sch	wie lauschen	cash (Bargeld)
sp	sp	ein echtes sp	sport (Sport)
st	st	ein echtes st	stock (Aktienkapital)
th		weicher Laut	the (der, die, das)
th		harter Laut	theater (Theater)

Die englischen Laute in der Internationalen Lautschrift

Vokale

	Beispiele	Aussprache
ʌ	nut [nʌt] come [kʌm]	leicht geschlossenes aber ungerundetes a
ɑ:	start [stɑ:t] park [pɑ:k]	
æ	bat [bæt] cat [kæt]	
ə	printer [ˈprɪntə]	wie das End-e in Katze, bitte
e	pet [pet] get [get]	ä wie in Bär, Käse
ɜ:	earn [ɜ:n] firm [fɜ:m]	etwa wie ir in Wirt, aber offener
ɪ	bin [bɪn] big [bɪg]	kurzes i wie in Tisch
i:	meet [mi:t] sea [si:]	langes i wie in biegen
ɔ	box [bɔks] want [wɔnt]	
ɔ:	door [dɔ:] source [sɔ:s]	wie oo in boot
ʊ	cook [kʊk] good [gʊd]	kurzes u wie in Nummer
u:	two [tu:] cool [ku:l]	langes u wie in Blut, aber offener

Vokale, silbig

	Beispiele	Aussprache
aɪ	bike [baɪk] kind [kaɪnd]	etwa wie ei in Rein
aʊ	house [haʊs] round [raʊnd]	
əʊ	home [həʊm] go [gəʊ]	von /ə/ zu /ʊ/ gleiten
eə	care [keə] bear [beə]	
eɪ	game [geɪm] day [deɪ]	
ɪə	dear [dɪə] beer [bɪə]	von /ɪ/ zu /ə/ gleiten
ɔɪ	oil [ɔɪl] boy [bɔɪ]	etwa wie eu in neu
ʊə	poor [pʊə] tour /tʊə/	

Konsonanten

	Beispiele	Aussprache
j	year [jɪə] few [fjuː]	wie j in Junge
w	want [wɔnt] way [weɪ]	
ŋ	gang [gæŋ] king [kɪŋ]	wie ng in lang
r	carry [ˈkæri] room [ruːm]	
s	sad [sæd] face [feɪs]	stimmloses s wie in Pasta
z	is /ɪz/ zero [ˈzɪərəʊ]	stimmhaftes s wie in Hase
ʃ	cash [kæʃ] station [ˈsteɪʃn]	wie sch in Schale
tʃ	chain [tʃeɪn] much [mʌtʃ]	wie tsch in Tschüss
ʒ	conclusion [kənˈkluːʒn]	
dʒ	jam [dʒæm] general [ˈdʒenrəl]	wie in Job
θ	month [mʌnθ] thanks [θæŋks]	
ð	this [ðɪs] father [ˈfɑːðə]	
v	drive [draɪv] very [ˈveri]	etwa wie w in wir

Betonungszeichen

ː bedeutet, dass der vorhergehende Vokal lang zu sprechen ist

ˈ Hauptbetonung (bedeutet, dass die nachfolgende Silbe betont gesprochen wird)

ˌ Nebenbetonung (bedeutet, dass die nachfolgende Silbe betont gesprochen wird)

So steuern Sie die Geschwindigkeit der Audiodateien

Das Buch ist mit den Audiodateien ausgestattet. Die Adresse der Homepage des Buches, wo Audiodateien zum Anhören und Herunterladen verfügbar sind, ist am Anfang des Buches auf der bibliographischen Beschreibung vor dem Copyright-Hinweis aufgeführt.

Wir empfehlen Ihnen, den kostenlosen VLC-Mediaplayer zu verwenden, die Software, die zur Steuerung der Wiedergabegeschwindigkeit aller Audioformate verwendet werden kann. Die Steuerung der Geschwindigkeit ist auch einfach und erfordert nur wenige Klicks oder Tastatureingaben.

Android: Nach der Installation vom VLC Media Player klicken Sie auf die Audiodatei am Anfang eines Kapitels oder auf der Homepage des Buches, wenn Sie ein Papierbuch lesen. Wählen Sie "Open with VLC". Wenn Sie Schwierigkeiten beim Öffnen von Audiodateien mit VLC haben, ändern Sie die Standard-App für den Musik-Player. Gehen Sie zu Einstellungen>Apps, wählen Sie VLC und klicken Sie auf "Open by default" oder "Set default".

Kindle Fire: Nach der Installation vom VLC Media Player klicken Sie auf eine Audiodatei am Anfang eines Kapitels oder auf der Homepage des Buches, wenn Sie ein Papierbuch lesen. Wählen Sie "Complete action using>VLC".

iOS: Nach der Installation vom VLC Media Player kopieren Sie den Link zu der Audiodatei am Anfang eines Kapitels oder auf der Homepage des Buches, wenn Sie ein Papierbuch lesen, und fügen Sie ihn in den Download-Bereich des VLC Media Players ein. Nachdem der Download abgeschlossen ist, gehen Sie zu "Alle Dateien" und starten Sie die Audiodatei.

Windows: Starten Sie den VLC Media Player und klicken Sie auf die Audiodatei am Anfang eines Kapitels oder auf der Homepage des Buches, wenn Sie ein Papierbuch lesen. Gehen Sie nun in die Wiedergabe (Playback) und navigieren Sie die Geschwindigkeit.

MacOS: Starten Sie den VLC Media Player und klicken Sie auf die Audiodatei am Anfang eines Kapitels oder auf der Homepage des Buches, wenn Sie ein Papierbuch lesen. Nun, navigieren Sie zum Playback und öffnen die Optionen von Geschwindigkeit. Navigieren Sie die Geschwindigkeit.

Chapter 1
Kapitel 1

This is ...
Das ist ...

1. a [ə] - ein, eine
2. am [æm] - bin
3. and [ænd] - und, aber
4. are [ɑ:] - sind, seid
5. bed [bed] - Bett; beds - Betten
6. bell [bel] - Klingel; bells - Klingeln
7. big [bɪg] - groß
8. bike [baɪk] - Fahrrad; bikes - Fahrräder
9. book [bʊk] - Buch; books - Bücher
10. boy [ˌbɔɪ] - Junge; boys - Jungen
11. cat [kæt] - Katze; cats - Katzen
12. chapter [ˈtʃæptə] - Kapitel
13. dad [dæd] - Papa
14. garden [ˈgɑ:dn] - Garten
15. girl [gɜ:l] - Mädchen; girls - Mädchen *(pl)*
16. got [ˈgɔt] - bekam
17. green [gri:n] - grün
18. has [hæz] - hat
19. have [hæv] - haben
20. he [hɪ] - er
21. house [ˈhaʊs] - Haus
22. I [ˈaɪ] - ich
23. in [ɪn] - in
24. is [ɪz] - ist
25. it [ɪt] - es
26. little [ˈlɪtl] - klein; wenig
27. mom [mɔm] - Mama
28. my [maɪ] - mein, meine
29. near [nɪə] - bei, neben
30. new [nju:] - neu
31. nice [naɪs] - schön
32. parent [ˈpeərənt] - ein Elternteil; parents - Eltern
33. read [ri:d] - lesen
34. reads [ri:dz] - liest
35. red [red] - rot
36. room [ru:m] - Zimmer
37. she [ʃɪ] - sie
38. sleep [sli:p] - schlafen
39. sleeps [sli:ps] - schläft
40. the [ði:] - der, die, das
41. these [ði:z] - diese *(pl)*
42. they [ˈðeɪ] - sie *(pl)*
43. this [ðɪs] - diese *(sng)*
44. too [tu:] - auch
45. white [waɪt] - weiß

This is a cat. It is in the room. The cat is little. It is white. It has a little bed. The cat sleeps in the bed.

Das ist eine Katze. Sie ist in dem Zimmer. Die Katze ist klein. Sie ist weiß. Sie hat ein kleines Bett. Die Katze schläft in dem Bett.

This is a garden. It is near the house. The garden is little. It is green. The garden is nice.

Das ist ein Garten. Er ist beim Haus. Der Garten ist klein. Er ist grün. Der Garten ist schön.

This is a bike. It is nice too. The bike is in the garden. The bike is little. It is red. It has a little bell.

Das ist ein Fahrrad. Es ist auch schön. Das Fahrrad ist im Garten. Das Fahrrad ist klein. Es ist rot. Es hat eine kleine Klingel.

I am a boy. I am little. I am nice. I am in the room. I have got a book. I read it.

Ich bin ein Junge. Ich bin klein. Ich bin nett. Ich bin im Zimmer. Ich habe ein Buch. Ich lese es.

This is a girl. She is little too. And she is nice too. She is in the room too. She has a book too. She reads it.

Das ist ein Mädchen. Sie ist auch klein. Und sie ist auch nett. Sie ist auch im Zimmer. Sie hat auch ein Buch. Sie liest es.

This is my mom. She is my parent. She is nice too. My mom is in the room too. She has a book too. She reads it.

Das ist meine Mama. Sie ist ein Elternteil. Sie ist auch nett. Meine Mama ist auch im Zimmer. Sie hat auch ein Buch. Sie liest es.

This is my dad. He is my parent too. He is big. My dad is in the room too. He has a book too. He reads it.

Das ist mein Papa. Er ist auch ein Elternteil. Er ist groß. Mein Papa ist auch im Zimmer. Er hat auch ein Buch. Er liest es.

These are cats. They are in the room. The cats are little. They are white. They have little beds. The cats sleep in the beds.

Das sind Katzen. Sie sind im Zimmer. Die Katzen sind klein. Sie sind weiß. Sie haben kleine Betten. Die Katzen schlafen in den Betten.

These are bikes. They are new. They are nice and big. The bikes are in the garden. The bikes are red. They have little bells.

Das sind Fahrräder. Sie sind neu. Sie sind schön und groß. Die Fahrräder sind im Garten. Die Fahrräder sind rot. Sie haben kleine Klingeln.

These are boys. They are little. They are nice. They are in the room. They have books. They read the books.

Das sind Jungen. Sie sind klein. Sie sind nett. Sie sind im Zimmer. Sie haben Bücher. Sie lesen die Bücher.

These are girls. They are little too. And they are nice too. They are in the room too. They have books too. They read the books.

Das sind Mädchen. Sie sind auch klein. Und sie sind auch nett. Sie sind auch im Zimmer. Sie haben auch Bücher. Sie lesen die Bücher.

These are my parents. They are nice. My parents are in the room. They have books. They read the books.

Das sind meine Eltern. Sie sind nett. Meine Eltern sind im Zimmer. Sie haben Bücher. Sie lesen die Bücher.

Chapter 2
Kapitel 2

What is this?
Was ist das?

1. ball [bɔːl] - Ball
2. cool [kuːl] - cool, super
3. do [duː] - tun, machen *(Hilfsverb in Fragesätzen am Satzanfang)*
4. does [dʌz] - tut, macht; *(Hilfsverb in Fragesätzen am Satzanfang)*
5. good [gʊd] - gut
6. have [hæv] - haben
7. nice [naɪs] - schön
8. no [nəʊ] - kein, keine
9. or [ɔː] - oder
10. smart [smɑːt] - schlau, klug
11. very [ˈverɪ] - sehr
12. what [ˈwɔt] - welche, was
13. who [huː] - wer
14. yes [jes] - ja
15. you [jʊ] - Sie, du
16. your [jə] - Ihr, dein

- What is this?
- This is a cat.
- Is it little?

- *Was ist das?*
- *Das ist eine Katze.*
- *Ist sie klein?*

- Yes. It is little and white.
- Does it have a ball?
- Yes. It has a new ball.

- *Ja. Sie ist klein und weiß.*
- *Hat sie einen Ball?*
- *Ja. Sie hat einen neuen Ball.*

- What is this?
- This is a garden.
- Is it big?
- No. It is little.
- Is it near the house?
- Yes.
- Is it nice?
- Yes. It is very nice.

- *Was ist das?*
- *Das ist ein Garten.*
- *Ist er groß?*
- *Nein. Er ist klein.*
- *Ist er beim Haus?*
- *Ja.*
- *Ist er schön?*
- *Ja. Er ist sehr schön.*

- What is this?
- This is a bike.
- Is it big or little?
- It is little.
- Is it in the room?
- Yes.

- *Was ist das?*
- *Das ist ein Fahrrad.*
- *Ist es groß oder klein?*
- *Es ist klein.*
- *Ist es im Zimmer?*
- *Ja.*

- Is it white?
- No. It is red.
- Does it have a big bell?
- No, it has a little bell.

- *Ist es weiß?*
- *Nein. Es ist rot.*
- *Hat es eine große Klingel?*
- *Nein, es hat eine kleine Klingel.*

- Who is this?
- This is a boy.
- Is he little?
- Yes. He is little and smart.
- Does he have a book?
- Yes. He has a new book.
- Does he have a bike too?
- He has a cool white bike.

- *Wer ist das?*
- *Das ist ein Junge.*
- *Ist er klein?*
- *Ja. Er ist klein und schlau.*
- *Hat er ein Buch?*
- *Ja. Er hat ein neues Buch.*
- *Hat er auch ein Fahrrad?*
- *Er hat ein cooles weißes Fahrrad.*

- Who are you?
- I am a boy.
- Are you big?
- No. I am little.
- Are you nice?

- *Wer bist du?*
- *Ich bin ein Junge.*
- *Bist du groß?*
- *Nein. Ich bin klein.*
- *Bist du nett?*

- Yes. I am nice.
- Are you in the garden?
- No. I am in the room.
- Do you have a book?
- Yes. I have a book. I read it.

- *Ja. Ich bin nett.*
- *Bist du im Garten?*
- *Nein. Ich bin im Zimmer.*
- *Hast du ein Buch?*
- *Ja. Ich habe ein Buch. Ich lese es.*

- Who is this?
- This is a girl.
- Is she big or little?
- She is little. And she is nice too.
- Is she in the room?
- Yes. She is in the room.
- Does she have a book or a bike?
- She has a book. She reads it.

- *Wer ist das?*
- *Das ist ein Mädchen.*
- *Ist sie groß oder klein?*
- *Sie ist klein. Und sie ist auch nett.*
- *Ist sie im Zimmer?*
- *Ja. Sie ist im Zimmer.*
- *Hat sie ein Buch oder ein Fahrrad?*
- *Sie hat ein Buch. Sie liest es.*

- Who is this?
- This is my mom. She is my parent.
- Is she nice?
- Yes. She is nice.

- *Wer ist das?*
- *Das ist meine Mama. Sie ist ein Elternteil.*
- *Ist sie nett?*
- *Ja. Sie ist nett.*

- Is your mom in the garden or in the room?
- My mom is in the room.
- Does she have a bike?
- No. She has a book. She reads it.

- *Ist deine Mama im Garten oder im Zimmer?*
- *Meine Mama ist im Zimmer.*
- *Hat sie ein Fahrrad?*
- *Nein. Sie hat ein Buch. Sie liest es.*

- What are they?
- They are cats.
- Are they little?
- They are little and white.
- Are they in the room?
- Yes. They are in the room.
- Do they have beds?
- Yes. They have nice little beds.

- *Was ist das?*
- *Das sind Katzen.*
- *Sind sie klein?*
- *Sie sind klein und weiß.*
- *Sind sie im Zimmer?*
- *Ja. Sie sind im Zimmer.*
- *Haben sie Betten?*
- *Ja. Sie haben hübsche, kleine Betten.*

- Who are they?
- They are boys and girls.
- Are they good?
- Yes. They are little and good.
- Do they have bells?
- No. They have books and bikes.

- *Wer sind sie?*
- *Das sind Jungen und Mädchen.*
- *Sind sie brav?*
- *Ja. Sie sind klein und brav.*
- *Haben Sie Klingeln?*
- *Nein. Sie haben Bücher und Fahrräder.*

- Who are they?
- They are my parents.
- Are they good?
- They are nice.
- Are they in the garden?
- No. My parents are in the room.
- Do they have bells?
- No. They have books. They read the books.

- *Wer sind sie?*
- *Das sind meine Eltern.*
- *Sind sie brav?*
- *Sie sind nett.*
- *Sind sie im Garten?*
- *Nein. Meine Eltern sind im Zimmer.*
- *Haben sie Klingeln?*
- *Nein. Sie haben Bücher. Sie lesen die Bücher.*

Chapter 3
Kapitel 3

Can you read?
Kannst du lesen?

1. be [bɪ] - sein
2. businessman [ˈbɪznəsmæn] - Geschäftsmann
3. can [kæn] - können
4. cannot [ˈkænət] - kann nicht
5. Chinese [tʃaɪˈniːz] - Chinesisch
6. day [deɪ] - Tag
7. dog [dɔg] - Hund
8. dogs [dɔgz] - Hunde
9. English [ˈɪŋglɪʃ] - Englisch
10. every [ˈevrɪ] - jeder
11. football [ˈfʊtbɔːl] - Fußball
12. German [ˈdʒɜːmən] - Deutsch
13. go [gəʊ] - gehen
14. help [help] - helfen
15. learn [lɜːn] - lernen
16. let's / let us [lets / let əz] - lass uns
17. may [meɪ] - kann, können
18. must [mʌst] - muss, müssen
19. need not [niːd nɔt] - nicht brauchen, nicht müssen
20. not [nɔt] - nicht
21. on [ɔn] - auf, an
22. park [pɑːk] - Park
23. play [pleɪ] - spielen
24. please [pliːz] - bitte
25. ride [raɪd] - reiten
26. school [skuːl] - Schule
27. sick [sɪk] - krank
28. sure [ʃʊə] - sicher
29. take [teɪk] - nehmen
30. there [ðeə] - dort, dorthin
31. to [tuː] - zu, an
32. today [təˈdeɪ] - heute
33. together [təˈgeðə] - zusammen
34. wants [wɔnts] - will
35. we [wɪ] - wir
36. weekend [wiːkˈend] - Wochenende
37. weekends [wiːkˈendz] - Wochenenden
38. with [wɪð] - mit
39. write [ˈraɪt] - schreiben

- Can this little boy read?
- Yes. He can read and write well.
- Must he learn English?
- Sure. He must learn English and German. He wants to be a businessman.
- Must he go to school?
- Yes. He must go to school every day.
- Must he go to school on weekends too?
- No. He need not go there on weekends.

- *Kann dieser kleine Junge lesen?*
- *Ja. Er kann gut lesen und schreiben.*
- *Muss er Englisch lernen?*
- *Sicher. Er muss Englisch und Deutsch lernen. Er möchte Geschäftsmann werden.*
- *Muss er zur Schule gehen?*
- *Ja. Er muss jeden Tag zur Schule gehen.*
- *Muss er auch am Wochenende zur Schule gehen?*
- *Nein. Am Wochenende braucht er nicht zu gehen.*

- Can this little girl read?
- Yes. She can read well too.
- Must she go to school?
- Sure. She must go to school every day.
- Must she go to school on weekends too?
- No. She need not go there on weekends.

- *Kann dieses kleine Mädchen lesen?*
- *Ja. Sie kann auch gut lesen.*
- *Muss sie zur Schule gehen?*
- *Sicher. Sie muss jeden Tag zur Schule gehen.*
- *Muss sie auch am Wochenende zur Schule gehen?*
- *Nein. Am Wochenende braucht sie nicht zu gehen.*

- Can you ride a bike?
- Yes. I can ride a bike. Can you ride a bike too?
- No. I cannot ride a bike. I can play with a ball.
- Do you have a ball?
- I have a big red ball.

- *Kannst du Fahrrad fahren?*
- *Ja. Ich kann Fahrrad fahren. Kannst du auch Fahrrad fahren?*
- *Nein. Ich kann nicht Fahrrad fahren. Ich kann mit einem Ball spielen.*
- *Hast du einen Ball?*
- *Ich habe einen großen, roten Ball.*

- Can you read English?
- Yes. I can read English. Can you read English too?
- Yes. I can read English and German.
- Must you learn Chinese?
- No. I need not learn Chinese.

- *Kannst du Englisch lesen?*
- *Ja. Ich kann Englisch lesen. Kannst du auch Englisch lesen?*
- *Ja. Ich kann Englisch und Deutsch lesen.*
- *Musst du Chinesisch lernen?*
- *Nein. Ich brauche nicht Chinesisch zu lernen.*

- Can these boys play football?
- Yes. They can play football.
- Can they ride a bike?
- Yes. They can ride a bike too.
- Must they go to school on weekends?
- No. They need not go to school on weekends.

- Können diese Jungen Fußball spielen?
- Ja. Sie können Fußball spielen.
- Können sie Fahrrad fahren?
- Ja. Sie können auch Fahrrad fahren.
- Müssen sie am Wochenende zur Schule gehen?
- Nein. Am Wochenende brauchen sie nicht zur Schule zu gehen.

- Can these cats ride a bike?
- No. They cannot ride a bike.
- Can they play with a ball?
- Yes. They can play with a ball.
- Do these cats have a ball?
- They have a little white ball.

- Können diese Katzen Fahrrad fahren?
- Nein. Sie können kein Fahrrad fahren.
- Können sie mit einem Ball spielen?
- Ja. Sie können mit einem Ball spielen.
- Haben diese Katzen einen Ball?
- Sie haben einen kleinen, weißen Ball.

- I may go to the park on the weekend.
- Can I go with you, please?
- Sure. Let's go to the park together.
- I may take the dog to the park.
- Can I play with it?
- Sure. You and I can play with it. It is good.

- Ich kann am Wochenende vielleicht in den Park gehen.
- Kann ich bitte mit dir gehen?
- Sicher. Lass uns zusammen in den Park gehen.
- Ich nehme vielleicht den Hund mit in den Park.
- Kann ich mit ihm spielen?
- Sicher. Du und ich können mit ihm spielen. Er ist brav.

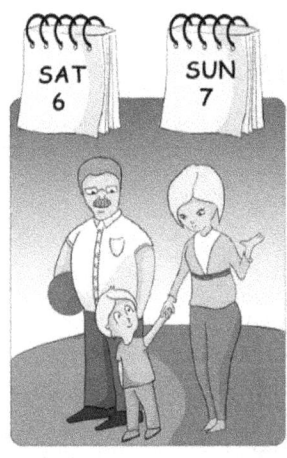

- My mom, my dad and I may go to the park on the weekend.
- I may go to the park with my dad too.
- Let's go to the park together.
- Sure.

- Ich gehe vielleicht am Wochenende mit meiner Mama und meinem Papa in den Park.
- Ich gehe vielleicht auch mit meinem Papa in den Park.
- Lass uns zusammen in den Park gehen.
- Sicher.

- I may not go to the school today.
- Are you sick?
- I am not sick. I am well. I must help my cat to play with a ball.
- Can I help the cat too?
- Sure. We can help the cat together.

- *Ich gehe heute vielleicht nicht in die Schule.*
- *Bist du krank?*
- *Ich bin nicht krank. Mir geht es gut. Ich muss meiner Katze beim Spielen mit dem Ball helfen.*
- *Kann ich der Katze auch helfen?*
- *Sicher. Wir können der Katze zusammen helfen.*

- Must dogs go to school?
- No. Dogs need not go to school.
- Must they read and write?
- They need not read and write. They can play with a ball.

- *Müssen Hunde in die Schule gehen?*
- *Nein. Hunde müssen nicht in die Schule gehen.*
- *Müssen sie lesen und schreiben?*
- *Sie müssen nicht lesen und schreiben. Sie können mit einem Ball spielen.*

Chapter 4
Kapitel 4

In the park
Im Park

1. animals [ˈænɪmlz] - Tiere
2. any [ˈenɪ] - einige; not any - keine
3. asking [ˈɑːskɪŋ] - fragen; without asking - ohne zu fragen
4. balls [bɔːlz] - Bälle
5. berries [ˈberɪz] - Beeren
6. blue [bluː] - blau
7. boat [bəʊt] - Boot
8. boats [bəʊts] - Boote
9. but [bʌt] - aber
10. café [ˈkæfeɪ] - Café
11. cafés [ˈkæfeɪz] - Cafés
12. city [ˈsɪtɪ] - Stadt
13. cola [ˈkəʊlə] - cola
14. eat [iːt] - essen
15. few [fjuː] - wenige; a few - einige
16. flowers [ˈflaʊəz] - Blumen
17. get [ˈget] - werden; bekommen
18. goes [gəʊz] - geht
19. hamburgers [ˈhæmbɜːgəz] - Hamburger *(Plural)*
20. hotdog [ˈhɔtdɔg] - Hotdog
21. hotdogs [ˈhɔtdɔgz] - Hotdogs
22. ice-cream [aɪskriːm] - Eiscreme
23. lake [leɪk] - See
24. lakes [leɪks] - Seen
25. many [ˈmenɪ] - viele
26. mushrooms [ˈmʌʃrʊmz] - Pilze
27. okay [ˌəʊˈkeɪ] - in Ordnung
28. old [əʊld] - alt
29. parks [pɑːks] - Parks
30. schools [skuːlz] - Schulen
31. shops [ʃɔps] - Geschäfte
32. some [sʌm] - einige, ein Paar
33. squirrel [ˈskwɪrəl] - Eichhörnchen
34. squirrels [ˈskwɪrəlz] - Eichhörnchen *(Plural)*
35. their [ðeə] - ihre
36. trees [triːz] - Bäume
37. without [wɪðˈaʊt] - ohne

- This boy goes to the park. There are trees and flowers in the park.
- Are there boys and girls in the park too?
- Yes. There are girls and boys in the park too.
- Do they have balls?
- The girls have balls. They play with the balls. The boys have bikes. They ride the bikes.

- *Dieser Junge geht in den Park. Im Park gibt es Bäume und Blumen.*
- *Sind im Park auch Jungen und Mädchen?*
- *Ja. Im Park sind auch Jungen und Mädchen.*
- *Haben sie Bälle?*
- *Die Mädchen haben Bälle. Sie spielen mit den Bällen. Die Jungen haben Fahrräder. Sie fahren mit den Fahrrädern.*

- Are there animals in the park?
- There are dogs and squirrels there.
- Are they little or big?
- The squirrels are little. They are on the trees. The dogs are big. They play with the boys and the girls.

- *Sind im Park Tiere?*
- *Dort sind Hunde und Eichhörnchen.*
- *Sind sie groß oder klein?*
- *Die Eichhörnchen sind klein. Sie sind auf den Bäumen. Die Hunde sind groß. Sie spielen mit den Jungen und Mädchen.*

- These boys ride bikes in the park.
- Do they have new bikes?
- They have new and old bikes.
- Are the bikes white?
- They are white, red, and blue.

- *Diese Jungen fahren im Park Fahrrad.*
- *Haben sie neue Fahrräder?*
- *Sie haben neue und alte Fahrräder.*
- *Sind die Fahrräder weiß?*
- *Sie sind weiß, rot und blau.*

- Are there cafes in the park?
- Sure. There are a few little cafes there.
- Can the boys go to the cafes?
- Sure. They can go to the cafes.

- *Gibt es im Park Cafés?*
- *Sicher. Dort gibt es einige kleine Cafés.*
- *Können die Jungen zu den Cafés gehen?*
- *Sicher. Sie können zu den Cafés gehen.*

- Are there hamburgers or hotdogs in this cafe?
- There are hamburgers and hotdogs in this cafe.
- Is there ice-cream there?
- There is ice-cream and cola there.

- Gibt es in dem Café Hamburger und Hotdogs?
- In diesem Café gibt es Hamburger und Hotdogs.
- Gibt es dort Eiscreme?
- Dort gibt es Eiscreme und Cola.

- Is there a lake in the park?
- There is a little lake there.
- Are there boats on the lake?
- There are some little boats on the lake.

- Gibt es im Park einen See?
- Es gibt dort einen kleinen See.
- Sind auf dem See Boote?
- Es sind ein paar kleine Boote auf dem See.

- May boys and girls ride a boat?
- They may ride a boat with their mom or dad. They may not ride a boat without their mom or dad.
- May I ride a boat without my mom and dad?
- No. You may not ride a boat without your mom and dad.

- *Dürfen die Jungen und Mädchen mit einem Boot fahren?*
- *Sie dürfen mit ihrer Mama oder ihrem Papa mit einem Boot fahren. Sie dürfen nicht ohne ihre Mama oder ihren Papa mit einem Boot fahren.*
- *Darf ich ohne meine Mama und Papa mit einem Boot fahren?*
- *Nein. Du darfst nicht ohne deine Mama und deinen Papa mit einem Boot fahren.*

- Are there berries and mushrooms in the park?
- There are some berries and mushrooms in the park.
- Can I eat these berries and mushrooms?
- No. You cannot eat any berries and mushrooms without asking your mom or dad. You may get sick.

- *Gibt es im Park Beeren und Pilze?*
- *Es gibt ein paar Beeren und Pilze im Park.*
- *Darf ich diese Beeren und Pilze essen?*
- *Nein. Du darfst keine Beeren und Pilze essen, ohne deine Mama oder deinen Papa zu fragen. Du könntest krank werden.*

- Can I eat a hotdog in a cafe?
- Sure. You can eat a hotdog and ice cream in a cafe. But you must not eat berries and mushrooms in the park. Okay?
- Okay.

- Darf ich im Café einen Hotdog essen?
- Sicher. Du darfst in einem Café einen Hotdog und Eiscreme essen. Aber du darfst nicht im Park Beeren oder Pilze essen. Okay?
- Okay.

- Are there many parks in the city?
- There are some big and some little parks in the city.
- Are there big lakes in the city?
- There are no big lakes in the city. There are some little lakes there.

- Gibt es in der Stadt viele Parks?
- Es gibt einige große und einige kleine Parks in der Stadt.
- Gibt es große Seen in der Stadt?
- Es gibt keine großen Seen in der Stadt. Es gibt dort ein paar kleine Seen.

- Are there schools in the city?
- There are some schools there.
- Are there shops in the city?
- There are some shops there.
- Are there hotdogs in shops?
- There are some hotdogs in shops.

- *Gibt es in der Stadt Schulen?*
- *Es gibt dort ein paar Schulen.*
- *Gibt es Geschäfte in der Stadt?*
- *Es gibt dort ein paar Geschäfte.*
- *Gibt es in den Geschäften Hotdogs?*
- *Es gibt ein paar Hotdogs in den Geschäften.*

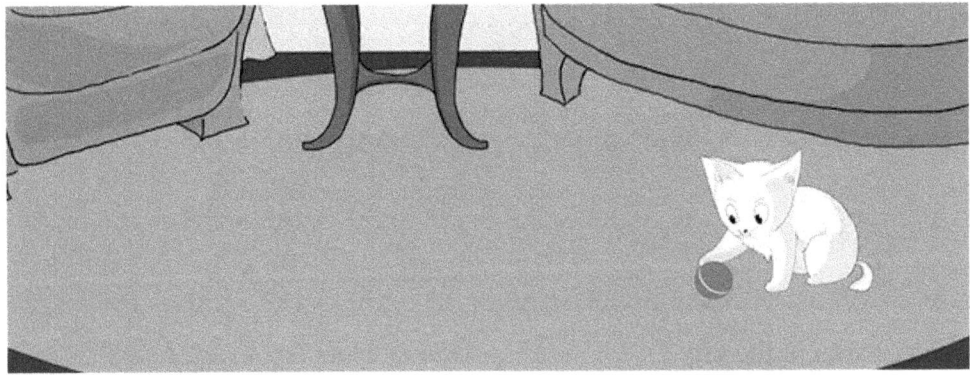

- Is there a cat in the room?
- There is a little white cat in the room.
- Is there a book in the room?
- There are some books there.

- *Ist eine Katze im Zimmer?*
- *Es ist eine kleine, weiße Katze in dem Zimmer.*
- *Ist ein Buch in dem Zimmer?*
- *Es sind ein paar Bücher in dem Zimmer.*

- Is there a ball in the room?
- There is a big red ball there.
- Is there a squirrel in the room?
- No, there is no squirrel in the room.
- Is there a bike in the room?
- No, there is no a bike there.

- *Ist ein Ball im Zimmer?*
- *Es ist dort ein großer, roter Ball.*
- *Ist ein Eichhörnchen im Zimmer?*
- *Nein, es ist kein Eichhörnchen im Zimmer.*
- *Ist ein Fahrrad im Zimmer?*
- *Nein, es ist kein Fahrrad dort.*

Chapter 5
Kapitel 5

I have a lot of friends
Ich habe viele Freunde

1. an [æn] - ein
2. buy [baɪ] - kaufen
3. children [ˈtʃɪldrən] - Kinder
4. friends [frendz] - Freunde
5. happy [ˈhæpɪ] - glücklich
6. lot [lɔt] - viel, viele; a lot of parks - viele Parks
7. man [mæn] - Mann
8. money [ˈmʌnɪ] - Geld
9. much [ˈmʌtʃ] - viel
10. of [ɔv] - von, aus
11. toys [tɔɪz] - Spielzeuge
12. unhappy [ʌnˈhæpɪ] - unglücklich

- Do you have many friends?
- I have a few friends. I am happy.
- Does she have friends too?
- She has few friends. She is unhappy.

- *Hast du viele Freunde?*
- *Ich habe ein paar Freunde. Ich bin glücklich.*
- *Hat sie auch Freunde?*
- *Sie hat wenig Freunde. Sie ist unglücklich.*

- Do you have a lot of money?
- I have a little money. I can buy an ice-cream.
- Does this man have a lot of money?
- This man has little money. He cannot buy ice-cream.

- Hast du viel Geld?
- Ich habe ein wenig Geld. Ich kann Eiscreme kaufen.
- Hat dieser Mann viel Geld?
- Er hat wenig Geld. Er kann keine Eiscreme kaufen.

- Do they have many books?
- Yes. They have a lot of books.
- Do they have a lot of money?
- No. They have little money. They cannot buy an ice-cream. They are unhappy.
- Do you have little money too?
- No. I have a little money. I can buy ice-cream. I am happy.

- Haben sie viele Bücher?
- Ja. Sie haben viele Bücher.
- Haben sie viel Geld?
- Nein. Sie haben wenig Geld. Sie können keine Eiscreme kaufen. Sie sind unglücklich.
- Hast du auch wenig Geld?
- Nein. Ich habe ein wenig Geld. Ich kann Eiscreme kaufen. Ich bin glücklich.

- Does this boy have many hotdogs?
- Yes. He has a lot of hotdogs.
- Does he have a lot of cola too?
- Yes. A lot. He is happy.

- *Hat dieser Junge viele Hotdogs?*
- *Ja. Er hat viele Hotdogs.*
- *Hat er auch viel Cola?*
- *Ja. Viel. Er ist glücklich.*

- Does this girl have many toys?
- She has a lot of toys. She is happy.
- Does she have a lot of cola too?
- She has a lot of cola.

- *Hat dieses Mädchen viele Spielzeuge?*
- *Sie hat viele Spielzeuge. Sie ist glücklich.*
- *Hat sie auch viel Cola?*
- *Sie hat viel Cola.*

- Do we have a lot of cola?
- We have some cola. Not much. But we are happy.
- Do we have many balls?
- We have some balls. And we have a lot of friends.

- Haben wir viel Cola?
- Wir haben etwas Cola. Nicht viel. Aber wir sind glücklich.
- Haben wir viele Bälle?
- Wir haben ein paar Bälle. Und wir haben viele Freunde.

- Are there many berries and mushrooms in the park?
- There are a lot of berries and mushrooms there.
- Are there animals in the park?
- There are a lot of squirrels there.

- Gibt es im Park viele Beeren und Pilze?
- Es gibt dort viele Beeren und Pilze.
- Gibt es im Park Tiere?
- Es gibt dort viele Eichhörnchen.

- Are there many boats on the lake?
- There are a lot of boats there.
- Are there children in the boats?
- No, there are no children in the boats.

- *Gibt es auf dem See viele Boote?*
- *Dort sind viele Boote.*
- *Sind Kinder auf den Booten?*
- *Nein, es sind keine Kinder auf den Booten.*

- Are there many cafes in the park?
- There are a few cafes there.
- Are there many children in the cafes?
- There are a lot of children there.

- *Gibt es im Park viele Cafés?*
- *Es gibt dort ein paar Cafés.*
- *Sind viele Kinder in den Cafés?*
- *Es sind dort viele Kinder.*

Chapter 6
Kapitel 6

The boy's bike
Das Fahrrad des Jungen

1. Anita [əˈniːtə] - Anita *(Name)*
2. Anita's [əˈniːtəɪz] - Anitas
3. boys' [ˈbɔɪz] - gehören den Jungen
4. boy's [ˌbɔɪz] - des Jungen
5. cold [kəʊld] - kalt
6. Dustin [ˈdəˌstɪn] - Dustin *(Name)*
7. Dustin's [ˈdəˌstɪnɪz] - von Dustin, gehören Dustin
8. girls' [gɜːlz] - gehören den Mädchen
9. girl's [gɜːlz] - des Mädchens
10. name [ˈneɪm] - Name
11. roof [ruːf] - Dach
12. table [ˈteɪbl] - Tisch
13. tables [ˈteɪblz] - Tische
14. whose [huːz] - wessen

- Is this cafe new?
- Yes, it is. This cafe is new.
- Is the roof of the cafe red or blue?
- The roof of the cafe is red.

- *Ist das Café neu?*
- *Ja, ist es. Das Café ist neu.*
- *Ist das Dach des Cafés rot oder blau?*
- *Das Dach des Cafes ist rot.*

- This boy has a bike.
- Is the boy's bike white or red?
- The boy's bike is white and blue.

- *Dieser Junge hat ein Fahrrad.*
- *Ist das Fahrrad des Jungen weiß oder rot?*
- *Das Fahrrad des Jungen ist weiß und blau.*

- This girl has a book.
- Is the girl's book white or blue?
- The girl's book is white and red.

- *Dieses Mädchen hat ein Buch.*
- *Ist das Buch des Mädchens weiß oder blau?*
- *Das Buch des Mädchens ist weiß und rot.*

- Whose bikes are in the park?
- They are the boys' bikes.
- Whose hamburgers are on the table?
- They are the girls' hamburgers.
- Whose books are they?
- They are boys' and girls' books.

- *Wessen sind die Fahrräder im Park?*
- *Die Fahrräder gehören den Jungen.*
- *Wessen sind die Hamburger auf dem Tisch?*
- *Die Hamburger gehören den Mädchen.*
- *Wessen sind die Bücher?*
- *Die Bücher gehören den Jungen und den Mädchen.*

- What is this boy's name?
- This boy's name is Dustin.
- What is this girl's name?
- This girl's name is Anita.

- *Wie heißt der Junge?*
- *Der Junge heißt Dustin.*
- *Wie heißt das Mädchen?*
- *Das Mädchen heißt Anita.*

- Whose ice-cream is this?
- This is Dustin's ice-cream.
- Is Dustin's ice-cream red?
- Dustin's ice-cream is white.
- Is it on Dustin's table?
- Yes, it is.

- *Wessen ist die Eiscreme?*
- *Das ist Dustins Eiscreme.*
- *Ist Dustins Eiscreme rot?*
- *Dustins Eiscreme ist weiß.*
- *Ist sie auf Dustins Tisch?*
- *Ja, ist sie.*

- Whose cola is this?
- This is Anita's cola.
- Is Anita's cola cold?
- Anita's cola is not cold.
- Is it on Anita's table?
- Yes, it is.

- *Wessen ist die Cola?*
- *Das ist Anitas Cola.*
- *Ist Anitas Cola kalt?*
- *Anitas Cola ist nicht kalt.*
- *Ist sie auf Anitas Tisch?*
- *Ja, ist sie.*

- Whose balls are in the room?
- They are the boys' balls.

- *Wessen sind die Bälle im Zimmer?*
- *Das sind die Bälle der Jungen.*

- Whose bikes are in the garden?
- They are the girls' bikes.

- *Wessen sind die Fahrräder im Garten?*
- *Das sind die Fahrräder der Mädchen.*

- Are the tables in the cafe new or old?
- The tables in the cafe are not new.
- Is the roof of the cafe big or little?
- The roof of the cafe is big.

- *Sind die Tische im Café neu oder alt?*
- *Die Tische im Café sind nicht neu.*
- *Ist das Dach des Cafés groß oder klein?*
- *Das Dach des Cafés ist groß.*

Chapter 7
Kapitel 7

Who are you?
Wer bist du?

1. about [əˈbaʊt] - über
2. animal [ˈænɪml] - Tier
3. car [kɑː] - Auto
4. dad's [ˈdædz] - Papas
5. doctor [ˈdɔktə] - Arzt
6. do not [də nɔt] - nicht
7. drinks [drɪŋks] - Getränke
8. eats [iːts] - isst
9. eight [eɪt] - acht
10. Elias [əˈlaɪəs] - Elias *(Name)*
11. Emily [ˈemlɪ] - Emily *(Name)*
12. forty [ˈfɔːtɪ] - vierzig
13. friend [ˈfrend] - Freund
14. friends' [frendz] - von Freunden
15. friend's [ˈfrendz] - Freundes
16. guess [ges] - raten, rate mal
17. how [ˈhaʊ] - wie
18. Jacob [ˈdʒeɪkəb] - Jacob *(Name)*
19. Joe [dʒəʊ] - Joe *(Name)*
20. Kamille - Kamille *(Name)*
21. know [nəʊ] - wissen
22. Laura [ˈlɔːrə] - Laura *(Name)*
23. Leon [ˈliːən] - Leon *(Name)*
24. let [let] - lassen
25. Lisa [ˈliːsə] - Lisa *(Name)*
26. man's [mænz] - Mannes
27. miss [mɪs] - Fräulein
28. mister [ˈmɪstə] - Herr
29. mom's [ˈmɑːmz] - Mamas
30. Mr / mister [ˈmɪstə] - Herr
31. names [ˈneɪmz] - Namen
32. nine [naɪn] - neun
33. only [ˈəʊnlɪ] - nur, lediglich
34. owner [ˈəʊnə] - Besitzer
35. owns [əʊnz] - besitzt
36. parents [ˈpeərənts] - Eltern
37. parents' [ˈpeərənts] - Elterns
38. people [ˈpiːpl] - Menschen
39. person [ˈpɜːsn] - Mensch
40. right [raɪt] - richtig
41. schoolboy [ˈskuːlbɔɪ] - Schüler
42. schoolchildren [ˈskuːltʃɪldrən] - Schulkinder
43. schoolgirl [ˈskuːlgɜːl] - Schülerin
44. Seagull [ˈsiːgʌl] - Seagull *(Name)*
45. sorry [ˈsɔrɪ] - Entschuldigung; Es tut mir leid
46. teach [tiːtʃ] - lehren
47. teacher [ˈtiːtʃə] - Lehrer
48. teachers [ˈtiːtʃəz] - Lehrer *(Plural)*
49. teachers' [ˈtiːtʃəz] - von Lehrer *(Plural)*
50. that's / that is [ðæts / ðət ɪz] - das ist
51. Tim [tɪm] - Tim *(Name)*
52. us [əz] - uns
53. vet [vet] - Tierärztin / Tierarzt
54. woman [ˈwʊmən] - Frau
55. woman's [ˈwʊmənz] - von Frau
56. wrong [rɔŋ] - falsch

- *Wer bist du?*
- *Ich bin ein Junge.*

- *Wie heißt du?*
- *Ich heiße Dustin.*

- *Wie alt bist du?*
- *Ich bin acht.*

- *Was bist du?*
- *Ich bin Schüler. Und ich bin auch ein Hotdogesser.*

- *Was ist ein Hotdogesser?*

- *Ein Hotdogesser ist jemand, der Hotdogs isst.*

- *Wer ist das Mädchen?*
- *Ich kenne dieses Mädchen. Sie ist mein Freund.*

- *Wie heißt deine Freundin?*
- *Sie heißt Anita.*

- *Wie alt ist sie?*
- *Sie ist neun.*

- Was ist Anita?
- Sie ist eine Schülerin. Und sie ist auch eine Colatrinkerin.

- Was ist eine Colatrinkerin?

- Eine Colatrinkerin ist ein Mädchen, das Cola trinkt.

- *Wer ist dieser Mann?*
- *Dieser Mann ist mein Papa.*

- *Wie heißt dein Papa?*
- *Mein Papa heißt Tim.*
- *Wie alt ist er?*
- *Er ist vierzig.*

- *Was ist dein Papa?*
- *Er ist Cafébesitzer.*

- *Was ist ein Cafébesitzer?*

- *Ein Cafébesitzer ist eine Person, die ein Café besitzt.*

- *Dein Vater hat ein weißes Auto. Habe ich Recht?*
- *Ja. Du hast Recht.*

- *Wer ist diese Frau?*
- *Diese Frau ist meine Mama.*

- *Wie heißt deine Mama?*
- *Meine Mama heißt Laura.*
- *Wie alt ist sie?*
- *Sie ist vierzig.*

- *Was ist deine Mama?*
- *Sie ist eine Veterinärin.*

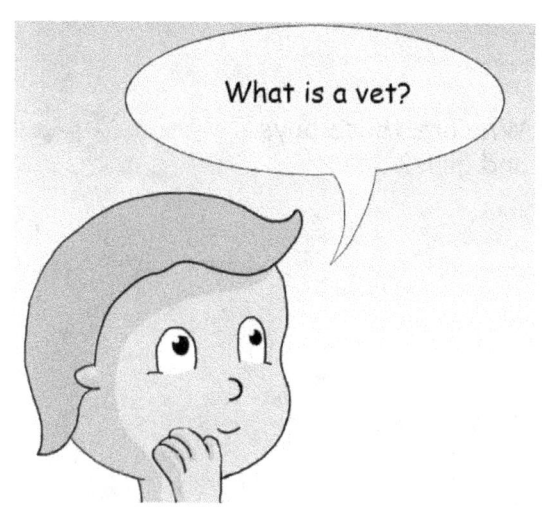

- Was ist eine Veterinärin?

- Eine Veterinärin ist eine Tierärztin.

- Deine Mama ist ein guter Mensch. Habe ich Recht?
- Ja. Du hast Recht.

- *Wer sind diese Jungen und Mädchen?*

- *Ich kenne diese Jungen und Mädchen. Sie sind meine Freunde.*

- *Wie heißen deine Freunde?*
- *Die Jungen heißen Elias und Leon.*

- Und wie heißen die Mädchen?
- Die Mädchen heißen Emily und Lisa.

- Was sind sie?
- Sie sind Schüler.

- Sie haben Fahrräder. Habe ich Recht?
- Ja. Du hast Recht.

- *Wer sind diese Menschen?*

- *Ich kenne diese Menschen. Sie sind Eltern.*

- *Wessen Eltern sind sie?*
- *Sie sind die Eltern meiner Freunde.*

- *Wie heißen die Eltern?*

- *Die Eltern heißen Jacob, Joe und... Es tut mir leid. Ich kenne nur Jacob und Joe.*

- *Das ist okay. Kein Problem.*

- *Wer sind dieser Mann und diese Frau?*

- *Ich kenne diesen Mann und diese Frau. Sie sind Lehrer.*
- *Wie heißen diese Lehrer?*

- *Der Mann heißt Herr Seagull. Die Frau heißt Frau Kamille.*
- *Was unterrichten sie?*

- *Herr Seagull ist Englischlehrer.*

- *Frau Kamille ist Deutschlehrerin.*

- *Sind sie gute Lehrer?*
- *Ja, sie sind gute Lehrer.*

- *Lass uns spielen. Rate! Wer bin ich?*
- *Ich weiß es. Du bist Anita.*

- *Du hast Recht. Bin ich ein Junge oder ein Mädchen?*
- *Du bist ein Mädchen.*

- *Du hast Recht. Wie alt bin ich?*
- *Du bist neun.*

- Richtig. Bin ich Schülerin oder Lehrerin?
- Du bist Schülerin.

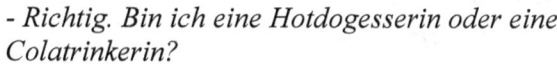

- Richtig. Bin ich eine Hotdogesserin oder eine Colatrinkerin?
- Du bist eine Hotdogesserin. Habe ich Recht?

- Nein! Das ist falsch. Ich bin Colatrinkerin.

Chapter 8
Kapitel 8

Anita is shorter than Dustin
Anita ist kleiner als Dustin

1. bad [bæd] - schlecht
2. bag [bæg] - Tasche
3. beautiful [ˈbjuːtəfl] - schön
4. best [best] - beste
5. better [ˈbetə] - besser
6. bigger [ˈbɪgə] - größer
7. biggest [ˈbɪgɪst] - größte
8. books [bʊks] - Bücher
9. captain Hook [ˈkæptɪn hʊk] - Kapitän Haken
10. class [klɑːs] - Klasse
11. cup [kʌp] - Tasse
12. evil [ˈiːvl] - Böse
13. footballs [ˈfʊtbɔːlz] - Fußbälle
14. her [hə] - ihre *(Weiblich)*
15. his [hɪz] - seine
16. intelligent [ɪnˈtelɪdʒənt] - intelligente
17. like [ˈlaɪk] - mögen; I like - Ich mag
18. me [miː] - ich, mir, mich
19. more [mɔː] - mehr
20. most [məʊst] - am meisten
21. older [ˈəʊldə] - älter
22. oldest [ˈəʊldɪst] - Älteste
23. our [ˈaʊə] - unsere
24. short [ʃɔːt] - klein
25. shorter [ˈʃɔːtə] - kleiner
26. shortest [ˈʃɔːtɪst] - kleinste
27. Spongebob - - Spongebob
28. takes [teɪks] - nimmt
29. tall [tɔːl] - groß
30. taller [ˈtɔːlə] - größer
31. tallest [ˈtɔːlɪst] - größte
32. ten [ten] - zehn
33. than [ðæn] - als
34. worse [wɜːs] - schlimmer
35. worst [wɜːst] - schlimmste

I am eight. Anita is nine. Dustin is ten. Dustin and Anita are older than me. Dustin is older than Anita. Dustin is the oldest.

Ich bin acht. Anita ist neun. Dustin ist zehn. Dustin und Anita sind älter als ich. Dustin ist älter als Anita. Dustin ist der Älteste.

I am short. Anita is short too. Dustin is not short. Anita is shorter than Dustin. I am shorter than Anita. I am the shortest.

Ich bin klein. Anita ist auch klein. Dustin ist nicht klein. Anita ist kleiner als Dustin. Ich bin kleiner als Anita. Ich bin der Kleinste.

My mom is tall. My dad is tall too. My dad is taller than my mom. He is taller than Mr. Seagull. My dad is the tallest.

Meine Mama ist groß. Mein Papa ist auch groß. Mein Papa ist größer als meine Mama. Er ist größer als Herr Seagull. Mein Papa ist der Größte.

Dustin is intelligent. He is more intelligent than Elias and Leon. He is the most intelligent boy in the class. I like Dustin.

Dustin ist intelligent. Er ist intelligenter als Elise und Leon. Er ist der intelligenteste Junge in der Klasse. Ich mag Dustin.

Anita is beautiful. Anita is more beautiful than Emily and Lisa. She is the most beautiful girl in the school. I like Anita more than Dustin.

Anita ist schön. Sie ist schöner als Emily und Lisa. Sie ist das schönste Mädchen in der Klasse. Ich mag Anita mehr als Dustin.

My cup is big. My mom's cup is bigger. My dad's cup is the biggest.

Meine Tasse ist groß. Die Tasse meiner Mama ist größer. Die Tasse meines Papas ist die Größte.

I go to the park on weekends. I go with my dad and mom. We take a bag with hotdogs and cola. Our bag is big. Our bag is old.

Am Wochenende gehe ich in den Park. Ich gehe mit meinem Papa und meiner Mama. Wir nehmen eine Tasche mit Hotdogs und Cola mit. Unsere Tasche ist groß. Unsere Tasche ist alt.

Anita and Dustin go to the park too. They are my friends. Anita takes her bike to the park. Her bike is red. Her bike is new. Dustin takes his bike to the park too. His bike is white. His bike is not new.

Anita und Dustin gehen auch in den Park. Sie sind meine Freunde. Anita nimmt ihr Fahrrad mit in den Park. Ihr Fahrrad ist rot. Ihr Fahrrad ist neu. Dustin nimmt sein Fahrrad auch mit in den Park. Sein Fahrrad ist weiß. Sein Fahrrad ist nicht neu.

I take my ball to the park. My ball is big. My ball is old. Emily and Lisa go to the park too. They take their books to the park. Their books are little. Their books are not new. Elias and Leon take their footballs to the park.

Ich nehme meinen Ball mit in den Park. Mein Ball ist groß. Mein Ball ist alt. Emily und Lisa gehen auch in den Park. Sie nehmen ihre Bücher mit in den Park. Ihre Bücher sind klein. Ihre Bücher sind nicht neu. Elias und Leon nehmen ihre Fußbälle mit in den Park.

I like hotdogs and cola. But I like hotdogs more than cola. Hotdogs are better than cola. I like ice cream too. Ice cream is better than hotdogs and cola. Ice cream is the best.

Ich mag Hotdogs und Cola. Aber ich mag Hotdogs mehr als Cola. Hotdogs sind besser als Cola. Ich mag auch Eiscreme. Eiscreme ist besser als Hotdogs und Cola. Eiscreme ist am besten.

Sponge Bob is good. Doctor Evil is bad. But Captain Hook is worse than Doctor Evil. Captain Hook is the worst.

Spongebob ist gut. Doctor Evil ist böse. Aber Captain Hook ist schlimmer als Doctor Evil. Captain Hook ist am schlimmsten.

Chapter 9
Kapitel 9

Picnic in the park
Picknick im Park

1. about [əˈbaʊt] - über
2. again [əˈgen] - wieder
3. all [ɔːl] - alle, alles
4. along [əˈlɒŋ] - entlang
5. around [əˈraʊnd] - um / herum
6. at [æt] - bei, an, zu
7. bridge [brɪdʒ] - Brücke
8. call [kɔːl] - rufen
9. chat [tʃæt] - reden
10. come [kʌm] - kommen
11. down [daʊn] - nach unten
12. drink [drɪŋk] - trinken; Getränk
13. films [fɪlmz] - Filme
14. five [faɪv] - fünf
15. from [frɒm] - von
16. going [ˈgəʊɪŋ] - gehen
17. grass [grɑːs] - Gras
18. hill [hɪl] - Hügel
19. him [hɪm] - ihm, ihn
20. home [həʊm] - Haus
21. into [ˈɪntə] - in
22. music [ˈmjuːzɪk] - Musik
23. now [naʊ] - jetzt
24. o'clock [əˈklɒk] - Uhr
25. out [aʊt] - heraus / aus
26. over [ˈəʊvə] - über
27. path [pɑːθ] - Pfad
28. plays [pleɪz] - spielt
29. relax [rɪˈlæks] - entspannen
30. see [ˈsiː] - sehen
31. sit [sɪt] - sitzen
32. stand [stænd] - stehen
33. then [ðen] - dann
34. through [θruː] - durch
35. top [tɒp] - Spitze
36. tree [triː] - Baum
37. two [tuː] - zwei
38. under [ˈʌndə] - unter
39. up [ʌp] - auf / hinauf
40. walk [wɔːk] - gehen (zu Fuß)
41. water [ˈwɔːtə] - Wasser
42. wood [wʊd] - Wald

It is ten o'clock. I am in the park. My friends and parents are in the park too. We walk along a path. We are going to the lake. We go over a little bridge.

Es ist zehn Uhr. Ich bin im Park. Meine Freunde und Eltern sind auch im Park. Wir gehen einen Pfad entlang. Wir gehen zum See. Wir gehen über eine kleine Brücke.

We come up to the lake. There are some balls on the water. Some children are playing with the balls. We go around the lake to a wood. We go into the wood. There are beautiful flowers in the grass.

Wir erreichen den See. Einige Bälle sind auf dem Wasser. Einige Kinder spielen mit den Bällen. Wir gehen um den See zu einem Park. Wir gehen in den Wald. Im Gras sind schöne Blumen.

We go through the wood to a hill. We go out of the wood and come up to the hill. We go up the hill.

Wir gehen durch den Wald zu einem Hügel. Wir verlassen den Wald und erreichen den Hügel. Wir gehen den Hügel hinauf.

We come up to the top of the hill.

Wir erreichen die Spitze des Hügels.

We sit down on the grass under a tall tree. We sit and relax under the tall tree. We can see a lot from the top of the hill. We can see the park, the lake, and the wood from there. We relax a little and then Emily and Lisa read us from their books. I like it very much.

Wir setzen uns unter einem großen Baum ins Gras. Wir sitzen und entspannen uns unter dem großen Baum. Wir sehen viel von der Spitze des Hügels aus. Wir können den Park, den See und den Wald von dort sehen. Wir entspannen ein wenig und dann lesen uns Emily und Lisa aus ihren Büchern vor. Ich mag es sehr.

Then Anita and Dustin ride their bikes down the hill. Elias plays football. I play with him. Leon plays with us too.

Dann fahren Anita und Dustin mit ihren Fahrrädern den Hügel hinunter. Elias spielt Fußball. Ich spiele mit ihm. Leon spielt auch mit uns.

My mom and dad call all the children over to have some hotdogs and cola.

Meine Mama und Papa rufen alle Kinder, damit sie sich Hotdogs und Cola nehmen.

All the children sit down under the tall tree again. They all have hotdogs and cola. I have a hotdog and a little cola. Elias has two hotdogs. We eat up all the hotdogs and drink up all the cola. We are all happy.

Alle Kinder setzen sich wieder unter den großen Baum. Sie alle essen Hotdogs und trinken Cola. Ich esse einen Hotdog und trinke eine kleine Cola. Elias isst zwei Hotdogs. Wir essen alle Hotdogs auf und trinken die ganze Cola. Wir sind alle glücklich.

We sit and chat. We chat about the school and about the teachers. We chat about films and music too.

Wir sitzen und unterhalten uns. Wir reden über die Schule und die Lehrer. Wir reden dann auch über Filme und Musik.

It is five o'clock. We must go home. We stand up and take our bag, the balls, the books and the bikes.

Es ist fünf Uhr. Wir müssen nach Hause. Wir stehen auf und nehmen unsere Tasche, die Bälle, die Bücher und die Fahrräder.

We go down the hill. Then we go into the wood.

Wir gehen den Hügel runter. Dann gehen wir in den Wald.

We go through it. Then we come out of the wood and come up to the lake. There are no children at the lake now. We go around the lake to the path.

Wir durchqueren ihn. Dann verlassen wir den Wald und erreichen den See. Jetzt sind keine Kinder am See. Wir gehen um den See zu dem Pfad.

Then we walk along the path. We come out of the park and go home.

Dann gehen wir den Pfad entlang. Wir verlassen den Park und gehen heim.

Chapter 10
Kapitel 10

What is my ball made of?
Woraus ist mein Ball?

1. bricks [brɪks] - Ziegeln
2. coffee [ˈkɔfɪ] - Kaffee
3. daddy [ˈdædɪ] - Papa
4. example [ɪgˈzɑːmpl] - Beispiel
5. for [fɔː] - für
6. glass [glɑːs] - Glas
7. look [lʊk] - anschauen
8. made [ˈmeɪd] - gemacht
9. material [məˈtɪərɪəl] - Material
10. materials [məˈtɪərɪəlz] - Materialien
11. metal [ˈmetl] - Metall
12. other [ˈʌðə] - andere
13. paper [ˈpeɪpə] - Papier
14. pen [pen] - Stift
15. plastic [ˈplæstɪk] - Plastik
16. rubber [ˈrʌbə] - Gummi
17. say [ˈseɪ] - sagen
18. says [ˈsez] - sagt
19. smile [smaɪl] - lächeln, Lächeln
20. something [ˈsʌmθɪŋ] - etwas
21. sonny [ˈsʌnɪ] - Sohnemann
22. tea [tiː] - Tee
23. that [ðæt] - das, diese
24. things [ˈθɪŋz] - Sachen
25. wheels [wiːlz] - Räder

"Dad, what is plastic?" Dustin says.
"Plastic is a material," his dad says. "Some things are made of materials. For example your bike is made of metal and plastic. Look at your bike. The bike wheels are made of metal and rubber."

„Papa, was ist Plastik?", Dustin sagt. „Plastik ist ein Material", sein Papa sagt. „Einige Sachen sind aus Materialien. Dein Fahrrad, zum Beispiel, ist aus Metall und Plastik. Schau dein Fahrrad an. Die Räder deines Fahrrads sind aus Metall und Gummi."

"What is my ball made of?" Dustin says.
"Your ball is made of rubber," Dustin's dad says, "Look at that cafe. That cafe table is made of wood."

„Woraus ist mein Ball?", Dustin sagt. „Dein Ball ist aus Gummi", Dustins Papa sagt. „Schau dir das Café an. Dieser Cafétisch ist aus Holz."

"Is my bed made of wood too?" Dustin says.
"Yes, it is. And your school books are made of paper," Dustin's dad says.
"What is paper made of?" says Dustin.
"Paper is made from wood," Dustin's dad says.

„Ist mein Bett auch aus Holz?", Dustin sagt.
„Ja, ist es. Und deine Schulbücher sind aus Papier", Dustins Papa sagt.
„Woraus ist Papier?", Dustin sagt.
„Papier ist aus Holz", Dustins Papa sagt.

"What is my pen made of?" Dustin says.
"Your pen is made of plastic and metal," Dustin's dad says.
"What is my tea cup made of?" Dustin says.
"Your tea cup is made of glass," Dustin's dad says, "And my coffee cup is made of glass too."

„Woraus ist mein Stift?", Dustin sagt.
„Dein Stift ist aus Plastik und Metall", Dustins Papa sagt.
„Woraus ist meine Teetasse?", Dustin sagt.
„Deine Teetasse ist aus Glas", Dustins Papa sagt. „Und meine Kaffeetasse ist auch aus Glas."

"What is our car made of?" Dustin says.
"Our car is made of lot of materials," Dustin's dad says, "They are metal, plastic, rubber and glass. Most of the car is made of metal. The car wheels are made of metal and rubber."

„Woraus ist unser Auto?", Dustin sagt.
„Unser Auto ist aus vielen Materialien", Dustins Papa sagt. „Es sind Metall, Plastik, Gummi und Glas. Der größte Teil des Autos ist aus Metall. Die Autoreifen sind aus Metall und Gummi."

"What is the school made of?" Dustin says.
"The school is made of bricks, wood, glass and of other materials," the dad says.
"Is our house made of bricks, wood, glass and of

„Woraus ist die Schule?", Dustin sagt.
„Die Schule ist aus Ziegeln, Holz, Glas und anderen Materialien", sein Papa sagt.
„Ist unser Haus auch aus Ziegeln, Holz,

other materials too?" Dustin says.
"You are right, sonny," his daddy smiles. Dustin smiles too.

Glas und anderen Materialien?", *Dustin sagt.*
"Du hast Recht, Sohnemann", sein Papa lächelt. Dustin lächelt auch.

"What is an owner, daddy?" Dustin says.
"An owner is a person who owns something," his dad says, "For example, a cafe owner owns a cafe. A car owner owns a car."

"Was ist ein Besitzer, Papa?", Dustin sagt.
"Ein Besitzer ist jemand, der etwas besitzt", sein Papa sagt. "Ein Cafébesitzer, zum Beispiel, hat ein Café. Ein Autobesitzer hat ein Auto."

"I have you, daddy. Am I a dad owner?" Dustin says.
"No, you are not. You cannot say it about people or friends," his dad says.

"Ich habe dich, Papa. Bin ich ein Papabesitzer?", Dustin sagt.
"Nein, bist du nicht. Du kannst das nicht bei Familie und Freunden sagen", sein Papa sagt.

"I cannot say I am Anita's owner?" Dustin says. "No, you cannot. You can say it about things and animals," Dustin's dad smiles, "For example you are a bike owner."

„Ich kann nicht sagen ich bin Anitas Besitzer?", Dustin sagt.
„Nein, kannst du nicht. Du kannst es über Sachen und Tiere sagen", Dustins Papa lächelt.
„Du bist, zum Beispiel, ein Fahrradbesitzer."

"Wow! Cool! Am I a ball owner too?" Dustin says.
"You are right. You are a ball owner," Dustin's dad says.
"And you are a car owner, daddy. Am I right?" Dustin says.
"Yes, sonny. You are right," Dustin's dad says.

„Wow! Cool! Bin ich auch ein Ballbesitzer?", Dustin sagt.
„Du hast Recht. Du bist ein Ballbesitzer", Dustins Papa sagt.
„Und du bist ein Autobesitzer, Papa. Habe ich Recht?", Dustin sagt.
„Ja, Sohnemann. Du hast Recht", Dustins Papa sagt.

"Okay. I am a tea cup owner. I must go into the house and drink a cup of tea!" Dustin says and goes into the house.

„Okay. Ich bin ein Teetassenbesitzer. Ich muss ins Haus gehen und eine Tasse Tee trinken!", sagt Dustin und geht ins Haus.

Chapter 11
Kapitel 11

Let us have breakfast
Lass uns frühstücken

1. answers [ˈɑːnsəz] - Antworten
2. apple [ˈæpl] - Apfel
3. apples [ˈæplz] - Äpfel
4. ask [ɑːsk] - fragen
5. asks [ˈɑːsks] - fragt
6. bacon [ˈbeɪkən] - Speck
7. before [bɪˈfɔː] – vor
8. Bon appetite! [ˈbɑːn ˈæpɪtaɪt] - Guten Appetit!
9. bread [bred] - Brot
10. breakfast [ˈbrekfəst] - Frühstück
11. cereal [ˈsɪərɪəl] - Müsli
12. comes [kʌmz] - kommt
13. remote control [rɪˈməʊt kənˈtrəʊl] - Fernbedienung
14. dear [dɪə] - Liebling
15. eggs [egz] - Eier
16. fast [fɑːst] - schnell
17. finish [ˈfɪnɪʃ] - fertig machen
18. full [fʊl] - satt
19. give [gɪv] - geben
20. left [left] - links
21. looks [lʊks] - schaut
22. makes [ˈmeɪks] - macht
23. milk [mɪlk] - Milch
24. minute [maɪˈnjuːt] - Minute
25. morning [ˈmɔːnɪŋ] - Morgen
26. navigator [ˈnævɪgeɪtə] - Steuermann
27. outside [ˌaʊtˈsaɪd] - draußen
28. paths [pɑːðz] - Wege
29. plate [pleɪt] - Teller
30. puts [ˈpʊts] - stellt, legt
31. race car [reɪs kɑː] - Rennauto
32. round [ˈraʊnd] - um
33. runs [rʌnz] - läuft
34. sausages [ˈsɔsɪdʒɪz] - Würstchen
35. sits [sɪts] - sitzt
36. slow [sləʊ] - langsam
37. Speed up! [spiːd ʌp] - Schneller!
38. stands up [stændz ʌp] - steht auf
39. straight ahead [streɪt əˈhed] - geradeaus
40. Sunday [ˈsʌndeɪ] - Sonntag
41. take a seat [teɪk ə siːt] - sich setzten
42. thanks [θæŋks] - danke
43. turn left / right [tɜːn left / raɪt] - nach links / rechts
44. wait [weɪt] - warten
45. waits [weɪts] - wartet
46. would like [wʊd ˈlaɪk] - möchten; I would like an apple. - Ich möchte ein Apfel.

It is Sunday morning. Dustin is in the garden. His mom and dad are in the house. Dustin's mom goes outside and looks round.
"Dustin!" she says, "Come in, dear. Let us have breakfast."

Es ist Sonntagmorgen. Dustin ist im Garten. Seine Mama und sein Papa sind im Haus. Dustins Mama geht nach draußen und schaut sich um.
„Dustin!", sagt sie. „Komm rein, Liebling. Lass uns frühstücken."

Dustin comes in and takes a seat at the table. His mom puts a plate on the table before him.
"Would you like some bacon and eggs?" mom asks Dustin.
"I would like some sausages, please," he answers.

Dustin kommt herein und setzt sich an den Tisch. Seine Mama stellt vor ihm einen Teller auf den Tisch.
„Möchtest du etwas Speck und Eier?", Dustins Mama fragt.
„Ich möchte ein paar Würstchen, bitte", antwortet er.

"Have some bread with sausages." Dustin's mom puts some sausages and bread on Dustin's plate.
"Would you like some tea or milk?" mom asks Dustin again.

„Iss etwas Brot mit Würstchen." Dustins Mama legt ein paar Würstchen und Brot auf Dustins Teller.
„Möchtest du etwas Tee oder Milch?", Dustins Mama fragt.

"I would like some cola, please," he answers. "You cannot have cola in the morning," his mom answers. She puts a cup of milk on their table before Dustin, "Have some milk, dear."

„Ich möchte bitte etwas Cola", er antwortet. „Du kannst am Morgen keine Cola trinken", seine Mama antwortet. Sie stellt vor Dustin eine Tasse Milch auf den Tisch. „Trink etwas Milch, Liebling."

"Bon appetit!" Dustin's dad says.
"Bon appetit!" Dustin says. He eats some sausages with bread. He drinks some milk.
"Mom, can I have some cereal, please?" Dustin asks.

„Guten Appetit!", Dustins Papa sagt.
„Guten Appetit!", Dustin sagt. Er isst ein wenig Würstchen mit Brot. Er trinkt etwas Milch.
„Mama, kann ich etwas Müsli haben, bitte?", Dustin fragt.

"Sure. Would you like cereal with apples and milk?" his mom asks.
"Yes," he answers, "Give me some more bread too, please."

„Sicher. Möchtest du Müsli mit Äpfeln und Milch?", seine Mama fragt.
„Ja", er antwortet. „Gib mir auch bitte etwas mehr Brot."

Dustin's mom puts a plate with cereal and apple before Dustin. He eats all of it up.
"Would you like some more?" his mom asks.
"No, thanks. I am full," Dustin answers, "May I go to the garden now?"
"Take your car with the remote control and go to the garden," the dad answers, "I would like to play with you. Wait for me in the garden. Okay?"
"Okay, daddy!" Dustin answers.

Dustins Mama stellt einen Teller mit Müsli und Äpfeln vor Dustin auf den Tisch. Er isst alles auf.
„Möchtest du mehr?", seine Mama fragt.
„Nein, danke. Ich bin satt", Dustin antwortet.
„Kann ich jetzt in den Garten gehen?"
„Nimm dein ferngesteuertes Auto und geh in den Garten", sein Papa antwortet. „Ich möchte mit dir spielen. Warte im Garten auf mich. Okay?"
„Okay, Papa!", Dustin antwortet.

He goes to his room and takes the car with the remote control. His racecar is new. It is red and big. Dustin goes into the garden.

Er geht in sein Zimmer und holt das ferngesteuerte Auto. Sein Rennauto ist neu. Es ist rot und groß. Dustin geht in den Garten.

He sits down on the grass near a tree and waits for his dad. He waits for a minute. Then he stands up. He waits a little more. Then he runs into the house.

Er setzt sich bei einem Baum ins Gras und wartet auf seinen Papa. Er wartet eine Minute. Dann steht er auf. Er wartet etwas mehr. Dann rennt er ins Haus.

"Daddy! Come! Let us play with the race car! I can't wait!" Dustin says.
"Wait a minute. I must finish my breakfast," the dad answers.
"I can't wait, daddy! Please, come!" Dustin says. His dad smiles, stands up and goes with Dustin into the garden.

*„Papa! Komm! Lass uns mit dem Rennauto spielen! Ich kann nicht warten!", Dustin sagt.
„Warte eine Minute. Ich muss erst fertig frühstücken", sein Papa antwortet.
„Ich kann nicht warten, Papa! Bitte komm!", Dustin sagt. Sein Papa lächelt, steht auf und geht mit Dustin in den Garten.*

There are some paper paths on the grass. His dad makes the paper paths on weekends. The race car can go over the paper paths very fast.
"Take the remote control," his dad says.
Dustin takes the remote control. His dad puts the race car on the paper path. The race car goes along the path.
"Dad! You are my navigator! Help me!" Dustin says.

Auf dem Gras sind ein paar Wege aus Papier. Sein Papa bastelt sie an Wochenenden. Das Rennauto kann sehr schnell über die Papierwege fahren.
„Nimm die Fernbedienung", sein Papa sagt. Dustin nimmt die Fernbedienung. Sein Papa stellt das Rennauto auf den Papierweg. Das Rennauto fährt den Weg entlang.
„Papa! Du bist mein Steuermann! Hilf mir!", Dustin sagt.

"Okay!" his dad answers, "Turn left! Slow

„Okay!", sein Papa antwortet. „Nach links! Langsamer! Weiter nach links! Geradeaus,

down! More left! Straight ahead, sonny! Speed up! Now slow down! Turn right! More right! Speed up! Slow down now!"

Sohnemann! Schneller! Jetzt langsamer! Nach rechts! Weiter rechts! Schneller! Jetzt langsamer!"

The race car goes over a little paper bridge. "Speed up, sonny! Straight ahead! Turn right! Speed up! Turn left! Slow down! Turn right! Speed up! Straight ahead!" his dad says and the race car goes on and on over the paper path.

Das Rennauto fährt über eine kleine Papierbrücke. „Schneller, Sohnemann! Geradeaus! Nach rechts! Schneller! Nach links! Langsamer! Nach rechts! Schneller! Geradeaus!", sein Papa sagt und das Rennauto fährt immer weiter auf dem Papierweg.

Chapter 12
Kapitel 12

How are you?
Wie geht es dir?

1. afraid [əˈfreɪd] - Angst haben; I am afraid. - Ich habe Angst.
2. black [blæk] - schwarz
3. bookcase [ˈbʊk keɪs] - Bücherregal
4. bookcases [ˈbʊk keɪsɪz] - Bücherregale
5. bye [baɪ] - Tschüß
6. evening [ˈiːvnɪŋ] - Abend
7. fine [faɪn] - schön; I am fine. - Mir geht es gut.
8. hand [hænd] - Hand
9. hi [haɪ] - hallo
10. interesting [ˈɪntrəstɪŋ] - interessant
11. leaves [liːvz] - verlässt
12. librarian [laɪˈbreərɪən] - Bibliothekar/in
13. library [ˈlaɪbrərɪ] - Bibliothek
14. likes [ˈlaɪks] - mag
15. Monday [ˈmʌndeɪ] - Montag
16. one [wʌn] - ein
17. opens [ˈəʊpənz] - öffnet
18. pictures [ˈpɪktʃəz] - Bilder
19. pirates [ˈpaɪrəts] - Piraten
20. Polina - Polina *(Name)*
21. really [ˈrɪəlɪ] - echt, wirklich
22. red [red] - rot
23. run [rʌn] - laufen
24. sees [ˈsiːz] - sieht
25. seven [ˈsevn] - sieben
26. show [ʃəʊ] - zeigen
27. shows [ʃəʊz] - zeigt
28. slowly [ˈsləʊlɪ] - langsam
29. sofa [ˈsəʊfə] - Sofa
30. soft [sɔft] - weich
31. stop [stɔp] - anhalten
32. text [tekst] - Text
33. time [ˈtaɪm] - Zeit
34. twenty [ˈtwentɪ] - zwanzig
35. vampire [ˈvæmpaɪə] - Vampir
36. vampires [ˈvæmpaɪəz] - Vampire
37. warm [wɔːm] - warm
38. witch [wɪtʃ] - Hexe
39. witches [ˈwɪtʃɪz] - Hexen
40. years [ˈjɪəz] - Jahre
41. young [jʌŋ] - jung

It is Monday evening. Dustin is in the library. The library is near his house. He goes to the library every Monday. He likes it very much. There are some bookcases with interesting books there.

"Hi," Dustin says to the librarian.
"Hi," the librarian says to Dustin. The librarian is a young girl. Her name is Polina. She is twenty years old. Polina knows Dustin. "How are you, Dustin?" she asks.
"I am fine. Thanks," he answers, "How are you, Polina?" he asks too.

Es ist Montagabend. Dustin ist in der Bibliothek. Die Bibliothek ist in der Nähe seines Hauses. Er geht jeden Montag in die Bibliothek. Er mag das sehr. Dort gibt es ein paar Bücherregale mit interessanten Büchern.
„Hallo", sagt Dustin zur Bibliothekarin.
„Hallo", die Bibliothekarin sagt zu Dustin. Die Bibliothekarin ist ein junges Mädchen. Ihr Name ist Polina. Sie ist zwanzig Jahre alt. Polina kennt Dustin. „Wie geht es dir, Dustin?", sie fragt.
„Mir geht es gut. Danke", er antwortet. „Wie geht es dir, Polina?", fragt er auch.

"I am fine too. Thanks," she answers, "What books would you like to take out today?" Polina asks Dustin.
"Are there any books about pirates?" he asks Polina.

„Mir geht es auch gut. Danke", sie antwortet. „Welche Bücher möchtest du heute ausleihen?", Polina fragt Dustin.
„Gibt es Bücher über Piraten?", er fragt Polina.

"There are some books about pirates there. Come with me," she answers. She shows Dustin the bookcase. Dustin takes some books and goes to a little sofa. He sits down on the sofa and opens one of the books. There are some pictures of pirates in the book. Dustin looks at the pictures and reads the text a little. It is very interesting.

„Es gibt ein paar Bücher über Piraten. Komm mit", sie antwortet. Sie zeigt Dustin das Bücherregal. Dustin nimmt sich ein paar Bücher und geht zu einem kleinen Sofa. Er setzt sich auf das Sofa und öffnet eines der Bücher. Es sind ein paar Bilder von Piraten in dem Buch. Dustin schaut sich die Bilder an und liest ein wenig den Text. Es ist sehr interessant.

"Hi, Dustin," Dustin looks up and sees Anita. Some boys say that Anita is the most beautiful girl in the school. He likes Anita very much too.
"Hi, Anita," Dustin says to Anita.
"What books do you have?" Anita asks. She sits down on the sofa near Dustin.
"These books are about pirates," Dustin answers. He shows Anita the books.

„Hallo, Dustin." Dustin schaut auf und sieht Anita. Einige Jungen sagen, dass Anita das schönste Mädchen der Schule ist. Er mag Anita auch sehr.
„Hallo, Anita", Dustin sagt zu Anita.
„Welche Bücher hast du?", Anita fragt. Sie setzt sich neben Dustin auf das Sofa.
„Diese Bücher sind über Piraten", Dustin antwortet. Er zeigt Anita die Bücher.

"Are there any pictures in the books?" Anita asks Dustin.
"Sure. Take a look," Dustin says.

„Gibt es in dem Buch Bilder?", Anita fragt Dustin.
„Sicher. Schau sie dir an", Dustin sagt.

"They are very interesting," Anita says.
"What books do you have?" Dustin asks Anita.

„Sie sind sehr interessant", Anita sagt.
„Welche Bücher hast du?", Dustin fragt Anita.

"I have two books," she answers, "They are about vampires and witches."
"Really? Wow! Can you show me the books, please?" he says.
"Sure. Take a look at this one," Anita shows Dustin a little black book, "It is about a schoolgirl. She is a witch."

„Ich habe zwei Bücher", sie antwortet.
„Sie sind über Vampire und Hexen."
„Echt? Wow! Kannst du mir bitte die Bücher zeigen?", er sagt.
„Sicher. Schau dir das hier an." Anita zeigt Dustin ein kleines, schwarzes Buch.
„Es geht um ein Schulmädchen. Sie ist eine Hexe."

"Is she bad?" Dustin asks.
"No. She is good. But one of school teachers is a bad witch," Anita answers.
"Wow! This book is cool," Dustin says to Anita.

„Ist sie böse?" Dustin fragt.
„Nein. Sie ist gut. Aber eine der Lehrerinnen ist eine böse Hexe", Anita antwortet.
„Wow! Das Buch ist cool", Dustin sagt to Anita.

"Take a look at this one." Anita shows Dustin a red book, "It is about a girl. She is a librarian. And she is a vampire."

„Schau dir das hier an." Anita zeigt Dustin ein rotes Buch. „Es geht um ein Mädchen. Sie ist eine Bibliothekarin. Und sie ist ein Vampir."

Dustin looks at the librarian of the library. She is at the table. She stands up and comes to Dustin and Anita.

Dustin schaut zur Bibliothekarin. Sie sitzt am Tisch. Sie steht auf und kommt zu Dustin und Anita.

Then she looks at Dustin and Anita and smiles.
"I am sure that you know," she says.
Children look at the librarian.
"I am sure that you know," the librarian says slowly. Anita takes Dustin's hand. She is a little afraid.

Dann schaut sie Dustin und Anita an und lächelt.
„Ich bin sicher, dass ihr wisst", sie sagt.
Die Kinder schauen die Bibliothekarin an.
„Ich bin sicher, dass ihr wisst", die Bibliothekarin sagt langsam. Anita nimmt Dustins Hand. Sie ist ein wenig ängstlich.

"You know that the library must close at seven o'clock. It is time to go," the librarian says, "But come again. Okay?"

„Ihr wisst, dass die Bibliothek um sieben schließt. Es ist Zeit zu gehen", die Bibliothekarin sagt. „Aber kommt wieder. Okay?"

Anita and Dustin run out of the library. They stop outside.

Anita und Dustin rennen aus der Bibliothek. Sie halten draußen an.

"I am a little afraid," Anita says, "Are you afraid too?" she asks Dustin.
"I am not afraid," Dustin says. Anita's hand is soft and warm. Dustin looks at her. She is very beautiful.
"I must go home," she says and smiles.

*„Ich habe ein wenig Angst", Anita sagt.
„Hast du auch Angst?", sie fragt Dustin.
„Ich habe keine Angst", Dustin sagt. Anitas Hand ist weich und warm. Dustin schaut sie an. Sie ist sehr schön.
„Ich muss nach Hause", sagt sie und lä8chelt.*

"Bye, Anita," Dustin says.
"Bye, Dustin," Anita says and leaves.

„Tschüß, Anita", Dustin sagt.
„Tschüß, Dustin", Anita sagt und geht.

Chapter 13
Kapitel 13

I want to go fishing
Ich will fischen gehen

1. after [ˈɑːftə] - nach
2. arrive [əˈraɪv] - ankommen
3. away [əˈweɪ] - weg
4. begin [bɪˈgɪn] - beginnen
5. begins [bɪˈgɪnz] - beginnt
6. can't / cannot [kɑːnt / ˈkænət] - kann nicht
7. catch [kætʃ] - fangen
8. catches [ˈkætʃɪz] - fängt
9. eyes [aɪz] - Augen
10. find [faɪnd] - finden
11. fish [fɪʃ] - Fisch
12. fishing rod [ˈfɪʃɪŋ rɔd] - Angel
13. four [fɔː] - vier
14. gets up [ˈgets ʌp] - steht auf
15. hamburger [ˈhæmbɜːgə] - Hamburger
16. here [hɪə] - hier
17. jeans [dʒiːnz] - Jeans
18. kitchen [ˈkɪtʃɪn] - Küche
19. life vests [laɪf vests] - Schwimmwesten
20. long [ˈlɔŋ] - lange
21. longer [ˈlɔŋgə] - länger
22. meters [ˈmiːtəz] - Meter
23. motor [ˈməʊtə] - Motor
24. move [muːv] - bewegen
25. net [net] - Netz
26. problem [ˈprɔbləm] - Problem
27. put [ˈpʊt] - anziehen
28. quick [kwɪk] - schnell
29. river [ˈrɪvə] - Fluss
30. sky [skaɪ] - Himmel
31. small [smɔːl] - klein
32. son [sʌn] - Sohn
33. start [stɑːt] - starten (Motor)
34. stop [stɔp] - stoppen (Motor)
35. swim [swɪm] - schwimmen
36. swims [swɪmz] - schwimmt
37. take off [teɪk ɔf] - ausziehen
38. tee shirt [tiː ʃɜːt] - T-Shirt
39. tells [telz] - sagt
40. them [ðəm] - sie / ihnen
41. tomorrow [təˈmɔrəʊ] - morgen
42. wake up [weɪk ʌp] - aufwachen
43. want [wɔnt] - wollen, möchten
44. where [weə] - wo
45. why [waɪ] - warum
46. yellow [ˈjeləʊ] - gelb

It is morning. It is four o'clock. Dustin's dad comes into the room to wake up his son.
"Dustin. Wake up. We must go to the river now," his dad says.
"I want to sleep, daddy," Dustin answers.

Es ist Morgen. Es ist vier Uhr. Dustins Papa kommt in das Zimmer, um seinen Sohn aufzuwecken.
„Dustin. Wach auf. Wir müssen jetzt zum Fluss gehen", sein Vater sagt.
„Ich will schlafen, Papa", Dustin antwortet.

"Let's go fishing, sonny. It is time to wake up. You can sleep after fishing," his dad says again.

„Lass uns fischen gehen, Sohnemann. Es ist Zeit aufzustehen. Du kannst nach dem Fischen schlafen", sein Vater sagt wieder.

"Why must I wake up now? I want to sleep," Dustin answers.

„Warum muss ich jetzt aufstehen? Ich will schlafen", Dustin antwortet.

But then he opens his eyes and gets up. "Dad, I want to go fishing with you."

Aber dann öffnet er seine Augen und steht auf. „Papa, ich will mit dir fischen gehen."

"Okay, Dustin. Put on your jeans and tee shirt, and let's go," the dad says. Dustin puts on his jeans. But he cannot find his tee shirt.
"Where is my tee shirt?" he asks. His dad gives him the tee shirt: "Here it is. Put it on," he says. Dustin puts on his tee shirt and goes to the kitchen.

„Okay, Dustin. Zieh deine Jeans und dein T-Shirt an und lass uns gehen", sein Papa sagt. Dustin zieht seine Jeans an. Aber er kann sein T-Shirt nicht finden.
„Wo ist mein T-Shirt?", fragt er. Sein Papa gibt ihm das T-Shirt. „Hier ist es. Zieh es an", er sagt. Dustin zieht sein T-Shirt an und geht in die Küche

"Sit down and have some tea with hamburgers," the dad says. Dustin eats a hamburger and drinks a cup of tea.
"Quick, daddy. I can't wait. Let's go fishing," he asks.
"Okay, sonny," his dad says and smiles, "Let's go now."

„Setz dich und trink etwas Tee und iss Hamburger", sein Papa sagt. Dustin isst einen Hamburger und trinkt eine Tasse Tee.
„Schnell, Papa. Ich kann nicht warten. Lass uns fischen gehen", er sagt.
„Okay, Sohnemann", sein Papa sagt und lächelt. „Lass uns jetzt gehen."

They take fishing rods and go to the river. Dustin's fishing rod is about two meters long. The dad's fishing rod is much longer. It is about four meters long.
They arrive at the river. Then they put on life vests and get into the boat. Their boat is white.

Sie nehmen die Angeln und gehen zum Fluss. Dustins Angel ist etwa zwei Meter lang. Die Angel seines Papas ist viel länger. Sie ist etwa vier Meter lang. Sie kommen am Fluss an. Dann ziehen sie die Schwimmwesten an und steigen ins Boot. Ihr Boot ist weiß.

Dustin's dad starts the motor and the boat begins to move slowly.

Dustins Papa startet den Motor und das Boot bewegt sich langsam.

Then the dad stops the motor. They take their fishing rods and begin fishing. Dustin looks round. The sky is yellow. He can see the sky in the water. Dustin's dad catches a fish.

Dann stoppt sein Papa den Motor. Sie nehmen ihre Angeln und fangen an zu fischen. Dustin sieht sich um. Der Himmel ist gelb. Er kann den Himmel im Wasser sehen. Dustins Papa fängt einen Fisch.

He puts the fish in the net. Then Dustin catches a small fish. He puts it in the net too.

Er steckt den Fisch ins Netz. Dann fängt Dustin einen kleinen Fisch. Er steckt ihn auch ins Netz.

Dustin looks at the water. He sees a fish in the water. The fish is yellow. It swims slowly near the boat.
"Dad, there is a fish in the water near the boat," Dustin says, "Look! It is there."
His dad looks at the water.
"Wow! It is big!" his dad says. The fish swims away.

*Dustin schaut auf das Wasser. Er sieht einen Fisch im Wasser. Der Fisch ist gelb. Er schwimmt langsam in der Nähe des Bootes. „Papa, da ist ein Fisch im Wasser beim Boot", Dustin sagt. „Schau! Er ist dort."
Sein Papa schaut auf das Wasser.
„Wow! Er ist groß!", sein Papa sagt. Der Fisch schwimmt weg.*

"Can you swim, dad?" Dustin looks at his dad.
"Yes, I can swim," his dad smiles.
"I cannot swim," Dustin says.
"It is not a big problem, sonny," his dad answers, "You can learn to swim."

„Kannst du schwimmen, Papa?" Dustin schaut seinen Papa an.
„Ja, ich kann schwimmen", sein Papa lächelt.
„Ich kann nicht schwimmen", Dustin sagt.
„Das ist kein großes Problem, Sohnemann", sein Papa antwortet. „Du kannst schwimmen lernen."

"Can I learn now? Can you help me?" Dustin asks his dad.
"I can help you, sonny," his dad answers, "But not now. I can help you to learn tomorrow. Okay?"
"Okay, daddy," Dustin answers and smiles.

„Kann ich es jetzt lernen? Kannst du mir helfen?", Dustin fragt seinen Papa.
„Ich kann dir helfen, Sohnemann", sein Papa antwortet. „Aber nicht jetzt. Ich kann dir morgen beim Lernen helfen. Okay?"
„Okay, Papa", Dustin antwortet und lächelt.

Dustin and his dad catch some more fish. "It is time to go home," his dad says. They put their fishing rods in the boat. His dad takes the net out of the water. He puts the net in the boat too.
"Daddy, I want to look at my fish," Dustin says.

Dustin und sein Papa fangen noch ein paar Fische.
„Es ist Zeit, nach Hause zu gehen", sein Papa sagt. Sie legen ihre Angeln ins Boot. Sein Papa nimmt das Netz aus dem Wasser. Er legt auch das Netz ins Boot.
„Papa, ich möchte meinen Fisch ansehen", Dustin sagt.

His dad opens the net. Dustin takes his small fish in his hand. The small fish is

Sein Papa öffnet das Netz. Dustin nimmt seinen kleinen Fisch in die Hand. Der kleine Fisch ist

yellow.
"Can I put the fish in the river?" Dustin asks his dad.
"Sure, sonny," the dad answers. Dustin puts the small fish in the water. The small fish waits a little. Then it swims away. His dad starts the motor and the boat moves slowly. Dustin and his dad come home and take off the life vests. Dustin's mom gives them breakfast. Dustin has his breakfast and tells his mom about the fish.

gelb.
„Kann ich den Fisch in den Fluss zurück lassen?", Dustin fragt seinen Papa.
„Sicher, Sohnemann", sein Papa antwortet. Dustin lässt den kleinen Fisch zurück ins Wasser. Der kleine Fisch wartet ein wenig. Dann schwimmt er weg. Sein Papa startet den Motor und das Boot bewegt sich langsam.
Dustin und sein Papa kommen zuhause an und ziehen die Schwimmwesten aus. Dustins Mama macht ihnen Frühstück. Dustin isst sein Frühstück und erzählt seiner Mama von dem Fisch.

Chapter 14
Kapitel 14

Spanish Tutor
Spanischlehrerin

1. ask [ɑːsk] - fragen
2. bye-bye [ˌbaɪ ˈbaɪ] - Auf Wiedersehen
3. check [tʃek] - überprüfen
4. color [ˈkʌlər] - Farbe
5. copybook [ˈkɔpɪbʊk] - Heft
6. examples [ɪgˈzɑːmplz] - Beispiele
7. exercises [ˈeksəsaɪzɪz] - Übungen
8. explain [ɪkˈspleɪn] - erklären
9. explains [ɪkˈspleɪnz] - erklärt
10. fifteen [ˌfɪfˈtiːn] - fünfzehn
11. friendly [ˈfrendlɪ] - freundlich
12. game [geɪm] - Spiel
13. gives [gɪvz] - gibt
14. grammar rules [ˈgræmə ruːlz] - Grammatikregeln
15. hello [həˈləʊ] - hallo
16. helps [helps] - hilft
17. homework [ˈhəʊmwɜːk] - Hausaufgaben
18. jacket [ˈdʒækɪt] - Jacke
19. Julia Potter [ˈdʒuːlɪə ˈpɔtə] - Julia Potter *(Name)*
20. knows [nəʊz] - kennt, weiß
21. language [ˈlæŋgwɪdʒ] - Sprache
22. lesson [ˈlesn] - Unterricht, Lektion
23. minutes [ˈmɪnɪts] - Minuten
24. next [nekst] - nächste
25. open [ˈəʊpən] - öffnen
26. part [pɑːt] - Stück
27. picture [ˈpɪktʃə] - Bild
28. pupil [ˈpjuːpl] - Schüler
29. question-n-answer - Frage-und-Antwort
30. questions [ˈkwestʃənz] - Fragen
31. reading [ˈriːdɪŋ] - Lesen
32. ready [ˈredɪ] - bereit
33. remember [rɪˈmembə] - erinnern, sich merken
34. rule [ruːl] - Regel
35. six [sɪks] - sechs
36. sixty [ˈsɪkstɪ] - sechzig
37. smaller [ˈsmɔːlə] - kleiner
38. Spanish [ˈspænɪʃ] - Spanisch
39. task [tɑːsk] - Aufgabe
40. teaches [ˈtiːtʃɪz] - lehrt
41. thank [θæŋk] - danken
42. thing [ˈθɪŋ] - Sache
43. third [ˈθɜːd] - dritte
44. translate [trænzˈleɪt] - übersetzen
45. translates [trænzˈleɪts] - übersetzt
46. Tuesday [ˈtjuːzdɪ] - Dienstag
47. tutor [ˈtjuːtə] - Tutor

48. tv-set []- Fernseher
49. twice [twaɪs] - zweimal
50. understand [ˌʌndəˈstænd] - verstehen
51. understands [ˌʌndəˈstændz] - versteht
52. week [wiːk] - Woche
53. well [wel] - gut
54. will [wɪl] - werden / werde / wird
55. words [ˈwɜːdz] - Wörter
56. writes [ˈraɪts] - schreibt
57. you are welcome [jʊ ə ˈwelkəm] - gern geschehen

It is evening. It is six o'clock. A woman comes into Dustin's house. She is young and friendly. Her name is Julia Potter. She is a Spanish tutor. She teaches Dustin Spanish language. She comes twice a week.
Dustin likes Spanish very much. There are some Spanish books on his table. He is ready for the lesson. Julia comes into Dustin's room.
"Hello, Dustin," she says.

Es ist Abend. Es ist sechs Uhr. Eine Frau kommt zu Dustins Haus. Sie ist jung und freundlich. Ihr Name ist Julia Potter. Sie ist eine Spanischlehrerin. Sie unterrichtet Dustin in Spanisch. Sie kommt zweimal die Woche. Dustin mag Spanisch sehr. Auf seinem Tisch sind ein paar spanische Bücher. Er ist bereit für den Unterricht. Julia kommt in Dustins Zimmer.
„Hallo, Dustin", sie sagt.

"Hello, Julia," Dustin answers Julia and smiles. He likes her very much. Julia takes off her jacket. She sits down at the table near Dustin. The lesson is sixty minutes long.

„Hallo, Julia", Dustin antwortet Julia und lächelt. Er mag sie sehr. Julia zieht ihre Jacke aus. Sie setzt sich neben Dustin an den Tisch. Der Unterricht dauert sechzig Minuten.

"Open your copybook, please," she asks him, "Show me your exercises."
Dustin opens his book and copybook. He shows her his homework. She checks his exercises in the copybook. It takes about five minutes. The homework is good. Julia checks Dustin's reading task too. He reads and translates the Spanish text very well. It takes about ten minutes. Then she checks some grammar rules. Dustin knows two grammar rules. But he cannot remember the third grammar rule. Julia helps him understand these grammar rules and to remember them better. She gives him a lot of examples.

„Öffne bitte dein Heft", sie bittet ihn. „Zeig mir deine Aufgaben."
Dustin öffnet sein Buch und sein Heft. Er zeigt ihr seine Hausaufgaben. Sie überprüft seine Aufgaben im Heft. Es dauert etwa fünf Minuten. Die Hausaufgaben sind gut. Julia überprüft auch Dustins Leseaufgaben. Er liest und übersetzt den spanischen Text sehr gut. Es dauert etwa zehn Minuten. Dann überprüft sie ein paar Grammatikregeln. Dustin kennt zwei Grammatikregeln. Aber er kann sich nicht an die dritte Grammatikregel erinnern. Julia hilft ihm, diese Grammatikregeln zu verstehen und sich besser an sie zu erinnern. Sie gibt ihm viele Beispiele.

Then she explains some new rules to him. Dustin cannot understand one of them.
"Can you explain this rule again, please?" he asks Julia. She explains the rule again. She gives him some examples too. Dustin understands the rule now. The grammar rules take about ten minutes too.

*Dann erklärt sie ihm einige neue Regeln. Dustin versteht keine davon.
„Können Sie diese Regel bitte noch einmal erklären?", er bittet Julia. Sie erklärt die Regel noch einmal. Sie gibt ihm auch ein paar Beispiele. Dustin versteht die Regel jetzt. Die Grammatikregeln dauern auch etwa zehn Minuten.*

"Dustin, you must do four exercises," Julia says to Dustin. She shows him the exercises. Then the tutor explains the exercises to Dustin. It takes about five minutes.

„Dustin, du musst vier Übungen machen", Julia sagt zu Dustin. Sie zeigt ihm die Übungen. Dann erklärt die Lehrerin Dustin die Übungen. Es dauert etwa fünf Minuten.

"I understand the exercises," Dustin says to Julia, "Can we read now?" he asks the tutor. "Sure. Let us read," Julia answers. She reads a part of Spanish text. Then Dustin reads it too. Then he translates it. Julia helps him to translate the text. Dustin knows a lot of Spanish words. There are new words in the text too. He must remember some of them. It takes about fifteen minutes.

„Ich verstehe die Übungen", Dustin sagt zu Julia. „Können wir jetzt lesen?", er fragt die Lehrerin.
„Sicher. Lass uns lesen", Julia antwortet. Sie liest ein Stück aus einem spanischen Text. Dann liest Justin. Dann übersetzt er es. Julia hilft ihm, den Text zu übersetzen. Dustin kennt viele spanische Wörter. In dem Text sind auch viele neue Wörter. Er muss sich einige davon merken. Es dauert etwa fünfzehn Minuten.

"Okay. We can play a question-n-answer game now," Julia smiles, "Would you like to play?" "Sure! I would like to play a question-n-answer game!" Dustin says. He likes this game very much.

„Okay. Wir können nun ein Frage-und-Antwort-Spiel machen." Julia lächelt. „Möchtest du spielen?"
„Sicher. Ich möchte ein Frage-und-Antwort-Spiel spielen!", Dustin sagt. Er mag dieses Spiel sehr.

"Let's play *Guess a thing*," Julia says and explains the game: "You will think about a thing in the picture," Julia shows Dustin a picture of a room, "and I will guess it. I can ask you questions about it. Okay?" Julia explains.
"Cool!" the boy answers, "I understand the game. I am ready!"

„Lass uns *Errate die Sache* spielen", Julia sagt und erklärt das Spiel. „Du denkst an eine Sache auf dem Bild", Julia zeigt Dustin ein Bild von einem Zimmer, „und ich werde es raten. Ich kann dir Fragen darüber stellen. Okay?", Julia erklärt.
„Cool!", der Junge antwortet. „Ich verstehe das Spiel. Ich bin bereit!"

"Well. Is it in the picture?" Julia asks.
"Yes, it is," Dustin answers.
"Is it bigger or smaller than the ball in the picture?" Julia asks again.
"It is bigger than the ball," Dustin answers.

„Nun. Ist es auf dem Bild?", Julia fragt.
„Ja, ist es," Dustin antwortet.
„Ist es größer oder kleiner als der Ball auf dem Bild?", Julia fragt wieder.
„Es ist größer als der Ball," Dustin antwortet.

"What color is it?" Julia asks.
"It is black," Dustin answers.
"Is it made of metal?" Julia asks.
"It is made of metal, plastic and glass," Dustin answers.
"Is it on the table?" Julia asks.
"No, it is not," Dustin answers.
"Where is it?" Julia asks.
"It is near the table," Dustin answers.

„Welche Farbe hat es?", Julia fragt.
„Es ist schwarz," Dustin antwortet.
„Ist es aus Metall?", Julia fragt.
„Es ist aus Metall, Plastik und Glas," Dustin antwortet.
„Ist es auf dem Tisch?", Julia fragt.
„Nein, ist es nicht," Dustin antwortet.
„Wo ist es?", Julia fragt.
„Es ist beim Tisch," Dustin antwortet.

"Is it the TV-set?" Julia asks.
"Yes, it is!" Dustin antwortet.

„Ist es der Fernseher?", Julia fragt.
„Ja, ist es!" Dustin antwortet.
Das Frage-und-Antwort-Spiel dauert etwa

The question-n-answer game takes about fifteen minutes. The lesson is over. Dustin writes his homework into the copybook.

fünfzehn Minuten. Der Unterricht ist vorbei. Dustin schreibt seine Hausaufgaben ins Heft.

Julia stands up and puts on her jacket.
"The next lesson is on Tuesday at six o'clock," she says to Dustin.
"Okay. Thank you very much for the lesson, Julia," Dustin says to her.

*Julia steht auf und zieht ihre Jacke an.
„Der nächste Unterricht ist am Dienstag um sechs Uhr", sie sagt Dustin.
„Okay. Vielen Dank für den Unterricht, Julia", Dustin sagt zu ihr.*

"You are welcome," Julia smiles at Dustin.
"You are a good pupil, Dustin. Bye-bye," she says.
"Bye-bye," Dustin answers. Julia leaves.

*„Gern geschehen." Julia lächelt Dustin an. „Du bist ein guter Schüler, Dustin. Auf Wiedersehen", sagt sie.
„Auf Wiedersehen", antwortet Dustin. Julia geht.*

Wörterbuch Englisch-Deutsch

a [ə] - ein, eine
about [əˈbaʊt] - über
afraid [əˈfreɪd] - Angst haben; I am afraid. - Ich habe Angst.
after [ˈɑːftə] - nach
again [əˈgen] - wieder
all [ɔːl] - alle, alles
along [əˈlɔŋ] - entlang
am [æm] - bin
an [æn] - ein
and [ænd] - und, aber
animal [ˈænɪml] - Tier
animals [ˈænɪmlz] - Tiere
Anita [əˈniːtə] - Anita *(Name)*
Anita's [əˈniːtəz] - Anitas
answers [ˈɑːnsəz] - Antworten
any [ˈenɪ] - einige; not any - keine
apple [ˈæpl] - Apfel
apples [ˈæplz] - Äpfel
are [ɑː] - sind, seid
around [əˈraʊnd] - um / herum
arrive [əˈraɪv] - ankommen
ask [ɑːsk] - fragen
asking [ˈɑːskɪŋ] - fragen; without asking - ohne zu fragen
asks [ˈɑːsks] - fragt
at [æt] - bei, an, zu
away [əˈweɪ] - weg
bacon [ˈbeɪkən] - Speck
bad [bæd] - schlecht
bag [bæg] - Tasche
ball [bɔːl] - Ball
balls [bɔːlz] - Bälle
be [bɪ] - sein
beautiful [ˈbjuːtəfl] - schön
bed [bed] - Bett; beds - Betten
before [bɪˈfɔː] – vor
begin [bɪˈgɪn] - beginnen
begins [bɪˈgɪnz] - beginnt
bell [bel] - Klingel; bells - Klingeln
berries [ˈberɪz] - Beeren

best [best] - beste
better [ˈbetə] - besser
big [bɪg] - groß
bigger [ˈbɪgə] - größer
biggest [ˈbɪgɪst] - größte
bike [baɪk] - Fahrrad; bikes - Fahrräder
black [blæk] - schwarz
blue [bluː] - blau
boat [bəʊt] - Boot
boats [bəʊts] - Boote
Bon appetite! [ˈbɑːn ˈæpɪtaɪt] - Guten Appetit!
book [bʊk] - Buch; books - Bücher
bookcase [ˈbʊk keɪs] - Bücherregal
bookcases [ˈbʊk keɪsɪz] - Bücherregale
books [bʊks] - Bücher
boy [ˌbɔɪ] - Junge; boys - Jungen
boy's [ˌbɔɪz] - des Jungen
boys' [ˈbɔɪz] - gehören den Jungen
bread [bred] - Brot
breakfast [ˈbrekfəst] - Frühstück
bricks [brɪks] - Ziegeln
bridge [brɪdʒ] - Brücke
businessman [ˈbɪznəsmæn] - Geschäftsmann
but [bʌt] - aber
buy [baɪ] - kaufen
bye [baɪ] - Tschüß
bye-bye [ˌbaɪ ˈbaɪ] - Auf Wiedersehen
café [ˈkæfeɪ] - Café
cafés [ˈkæfeɪz] - Cafés
call [kɔːl] - rufen
can [kæn] - können
cannot [ˈkænət] - kann nicht
can't / cannot [kɑːnt / ˈkænət] - kann nicht
captain Hook [ˈkæptɪn hʊk] - Kapitän Haken
car [kɑː] - Auto
cat [kæt] - Katze; cats - Katzen
catch [kætʃ] - fangen
catches [ˈkætʃɪz] - fängt

cereal [ˈsɪərɪəl] - Müsli
chapter [ˈtʃæptə] - Kapitel
chat [tʃæt] - reden
check [tʃek] - überprüfen
children [ˈtʃɪldrən] - Kinder
Chinese [tʃaɪˈniːz] - Chinesisch
city [ˈsɪtɪ] - Stadt
class [klɑːs] - Klasse
coffee [ˈkɔfɪ] - Kaffee
cola [ˈkəʊlə] - cola
cold [kəʊld] - kalt
color [ˈkʌlər] - Farbe
come [kʌm] - kommen
comes [kʌmz] - kommt
cool [kuːl] - cool, super
copybook [ˈkɔpɪbʊk] - Heft
cup [kʌp] - Tasse
dad [dæd] - Papa
daddy [ˈdædɪ] - Papa
dad's [ˈdædz] - Papas
day [deɪ] - Tag
dear [dɪə] - Liebling
do [duː] - tun, machen *(Hilfsverb in Fragesätzen am Satzanfang)*
do not [də nɔt] - nicht
doctor [ˈdɔktə] - Arzt
does [dʌz] - tut, macht; *(Hilfsverb in Fragesätzen am Satzanfang)*
dog [dɔg] - Hund
dogs [dɔgz] - Hunde
down [daʊn] - nach unten
drink [drɪŋk] - trinken; Getränk
drinks [drɪŋks] - Getränke
Dustin [ˈdʌˌstɪn] - Dustin *(Name)*
Dustin's [ˈdʌˌstɪnz] - von Dustin, gehören Dustin
eat [iːt] - essen
eats [iːts] - isst
eggs [egz] - Eier
eight [eɪt] - acht
Elias [əˈlaɪəs] - Elias *(Name)*
Emily [ˈemlɪ] - Emily *(Name)*
English [ˈɪŋglɪʃ] - Englisch

evening [ˈiːvnɪŋ] - Abend
every [ˈevrɪ] - jeder
evil [ˈiːvl] - Böse
example [ɪgˈzɑːmpl] - Beispiel
examples [ɪgˈzɑːmplz] - Beispiele
exercises [ˈeksəsaɪzɪz] - Übungen
explain [ɪkˈspleɪn] - erklären
explains [ɪkˈspleɪnz] - erklärt
eyes [aɪz] - Augen
fast [fɑːst] - schnell
few [fjuː] - wenige; a few - einige
fifteen [ˌfɪfˈtiːn] - fünfzehn
films [fɪlmz] - Filme
find [faɪnd] - finden
fine [faɪn] - schön; I am fine. - Mir geht es gut.
finish [ˈfɪnɪʃ] - fertig machen
fish [fɪʃ] - Fisch
fishing rod [ˈfɪʃɪŋ rɔd] - Angel
five [faɪv] - fünf
flowers [ˈflaʊəz] - Blumen
football [ˈfʊtbɔːl] - Fußball
footballs [ˈfʊtbɔːlz] - Fußbälle
for [fɔː] - für
forty [ˈfɔːtɪ] - vierzig
four [fɔː] - vier
friend [ˈfrend] - Freund
friendly [ˈfrendlɪ] - freundlich
friends [frendz] - Freunde
friend's [ˈfrendz] - Freundes
friends' [frendz] - von Freunden
from [frɔm] - von
full [fʊl] - satt
game [geɪm] - Spiel
garden [ˈgɑːdn] - Garten
German [ˈdʒɜːmən] - Deutsch
get [ˈget] - werden; bekommen
gets up [ˈgets ʌp] - steht auf
girl [gɜːl] - Mädchen; girls - Mädchen *(pl)*
girl's [gɜːlz] - des Mädchens
girls' [gɜːlz] - gehören den Mädchen
give [gɪv] - geben
gives [gɪvz] - gibt

glass [glɑ:s] - Glas
go [gəʊ] - gehen
goes [gəʊz] - geht
going [ˈgəʊɪŋ] - gehen
good [gʊd] - gut
got [ˈgɔt] - bekam
grammar rules [ˈgræmə ru:lz] - Grammatikregeln
grass [grɑ:s] - Gras
green [gri:n] - grün
guess [ges] - raten, rate mal
hamburger [ˈhæmbɜ:gə] - Hamburger
hamburgers [ˈhæmbɜ:gəz] - Hamburger (Plural)
hand [hænd] - Hand
happy [ˈhæpɪ] - glücklich
has [hæz] - hat
have [hæv] - haben
he [hɪ] - er
hello [həˈləʊ] - hallo
help [help] - helfen
helps [helps] - hilft
her [hə] - ihre (Weiblich)
here [hɪə] - hier
hi [haɪ] - hallo
hill [hɪl] - Hügel
him [hɪm] - ihm, ihn
his [hɪz] - seine
home [həʊm] - Haus
homework [ˈhəʊmwɜ:k] - Hausaufgaben
hotdog [ˈhɔtdɔg] - Hotdog
hotdogs [ˈhɔtdɔgz] - Hotdogs
house [ˈhaʊs] - Haus
how [ˈhaʊ] - wie
I [ˈaɪ] - ich
ice-cream [aɪskri:m] - Eiscreme
in [ɪn] - in
intelligent [ɪnˈtelɪdʒənt] - intelligente
interesting [ˈɪntrəstɪŋ] - interessant
into [ˈɪntə] - in
is [ɪz] - ist
it [ɪt] - es
jacket [ˈdʒækɪt] - Jacke

Jacob [ˈdʒeɪkəb] - Jacob (Name)
jeans [dʒi:nz] - Jeans
Joe [dʒəʊ] - Joe (Name)
Julia Potter [ˈdʒu:lɪə ˈpɔtə] - Julia Potter (Name)
Kamille - Kamille (Name)
kitchen [ˈkɪtʃɪn] - Küche
know [nəʊ] - wissen
knows [nəʊz] - kennt, weiß
lake [leɪk] - See
lakes [leɪks] - Seen
language [ˈlæŋgwɪdʒ] - Sprache
Laura [ˈlɔ:rə] - Laura (Name)
learn [lɜ:n] - lernen
leaves [li:vz] - verlässt
left [left] - links
Leon [ˈli:ən] - Leon (Name)
lesson [ˈlesn] - Unterricht, Lektion
let [let] - lassen
let's / let us [lets / let əz] - lass uns
librarian [laɪˈbreərɪən] - Bibliothekar/in
library [ˈlaɪbrərɪ] - Bibliothek
life vests [laɪf vests] - Schwimmwesten
like [ˈlaɪk] - mögen; I like - Ich mag
likes [ˈlaɪks] - mag
Lisa [ˈli:sə] - Lisa (Name)
little [ˈlɪtl] - klein; wenig
long [ˈlɔŋ] - lange
longer [ˈlɔŋgə] - länger
look [lʊk] - anschauen
looks [lʊks] - schaut
lot [lɔt] - viel, viele; a lot of parks - viele Parks
made [ˈmeɪd] - gemacht
makes [ˈmeɪks] - macht
man [mæn] - Mann
man's [mænz] - Mannes
many [ˈmenɪ] - viele
material [məˈtɪərɪəl] - Material
materials [məˈtɪərɪəlz] - Materialien
may [meɪ] - kann, können
me [mi:] - ich, mir, mich
metal [ˈmetl] - Metall

meters [ˈmiːtəz] - Meter
milk [mɪlk] - Milch
minute [maɪˈnjuːt] - Minute
minutes [ˈmɪnɪts] - Minuten
miss [mɪs] - Fräulein
mister [ˈmɪstə] - Herr
mom [mɔm] - Mama
mom's [ˈmaːmz] - Mamas
Monday [ˈmʌndeɪ] - Montag
money [ˈmʌnɪ] - Geld
more [mɔː] - mehr
morning [ˈmɔːnɪŋ] - Morgen
most [məʊst] - am meisten
motor [ˈməʊtə] - Motor
move [muːv] - bewegen
Mr / mister [ˈmɪstə] - Herr
much [ˈmʌtʃ] - viel
mushrooms [ˈmʌʃrʊmz] - Pilze
music [ˈmjuːzɪk] - Musik
must [mʌst] - muss, müssen
my [maɪ] - mein, meine
name [ˈneɪm] - Name
names [ˈneɪmz] - Namen
navigator [ˈnævɪɡeɪtə] - Steuermann
near [nɪə] - bei, neben
need not [niːd nɔt] - nicht brauchen, nicht müssen
net [net] - Netz
new [njuː] - neu
next [nekst] - nächste
nice [naɪs] - schön
nine [naɪn] - neun
no [nəʊ] - kein, keine
not [nɔt] - nicht
now [naʊ] - jetzt
o'clock [əˈklɔk] - Uhr
of [ɔv] - von, aus
okay [ˌəʊˈkeɪ] - in Ordnung
old [əʊld] - alt
older [ˈəʊldə] - älter
oldest [ˈəʊldɪst] - Älteste
on [ɔn] - auf, an
one [wʌn] - ein

only [ˈəʊnlɪ] - nur, lediglich
open [ˈəʊpən] - öffnen
opens [ˈəʊpənz] - öffnet
or [ɔː] - oder
other [ˈʌðə] - andere
our [ˈaʊə] - unsere
out [aʊt] - heraus / aus
outside [ˌaʊtˈsaɪd] - draußen
over [ˈəʊvə] - über
owner [ˈəʊnə] - Besitzer
owns [əʊnz] - besitzt
paper [ˈpeɪpə] - Papier
parent [ˈpeərənt] - ein Elternteil; parents - Eltern
parents [ˈpeərənts] - Eltern
parents' [ˈpeərənts] - Elterns
park [pɑːk] - Park
parks [pɑːks] - Parks
part [pɑːt] - Stück
path [pɑːθ] - Pfad
paths [pɑːðz] - Wege
pen [pen] - Stift
people [ˈpiːpl] - Menschen
person [ˈpɜːsn] - Mensch
picture [ˈpɪktʃə] - Bild
pictures [ˈpɪktʃəz] - Bilder
pirates [ˈpaɪrəts] - Piraten
plastic [ˈplæstɪk] - Plastik
plate [pleɪt] - Teller
play [pleɪ] - spielen
plays [pleɪz] - spielt
please [pliːz] - bitte
Polina - Polina *(Name)*
problem [ˈprɔbləm] - Problem
pupil [ˈpjuːpl] - Schüler
put [ˈpʊt] - anziehen
puts [ˈpʊts] - stellt, legt
question-n-answer - Frage-und-Antwort
questions [ˈkwestʃənz] - Fragen
quick [kwɪk] - schnell
race car [reɪs kɑː] - Rennauto
read [riːd] - lesen
reading [ˈriːdɪŋ] - Lesen

reads [riːdz] - liest
ready ['redɪ] - bereit
really ['rɪəlɪ] - echt, wirklich
red [red] - rot
relax [rɪ'læks] - entspannen
remember [rɪ'membə] - erinnern, sich merken
remote control [rɪ'məʊt kən'trəʊl] - Fernbedienung
ride [raɪd] - reiten
right [raɪt] - richtig
river ['rɪvə] - Fluss
roof [ruːf] - Dach
room [ruːm] - Zimmer
round ['raʊnd] - um
rubber ['rʌbə] - Gummi
rule [ruːl] - Regel
run [rʌn] - laufen
runs [rʌnz] - läuft
sausages ['sɔsɪdʒɪz] - Würstchen
say ['seɪ] - sagen
says ['sez] - sagt
school [skuːl] - Schule
schoolboy ['skuːlbɔɪ] - Schüler
schoolchildren ['skuːltʃɪldrən] - Schulkinder
schoolgirl ['skuːlgɜːl] - Schülerin
schools [skuːlz] - Schulen
Seagull ['siːgʌl] - Seagull *(Name)*
see ['siː] - sehen
sees ['siːz] - sieht
seven ['sevn] - sieben
she [ʃɪ] - sie
shops [ʃɔps] - Geschäfte
short [ʃɔːt] - klein
shorter ['ʃɔːtə] - kleiner
shortest ['ʃɔːtɪst] - kleinste
show [ʃəʊ] - zeigen
shows [ʃəʊz] - zeigt
sick [sɪk] - krank
sit [sɪt] - sitzen
sits [sɪts] - sitzt
six [sɪks] - sechs

sixty ['sɪkstɪ] - sechzig
sky [skaɪ] - Himmel
sleep [sliːp] - schlafen
sleeps [sliːps] - schläft
slow [sləʊ] - langsam
slowly ['sləʊlɪ] - langsam
small [smɔːl] - klein
smaller ['smɔːlə] - kleiner
smart [smɑːt] - schlau, klug
smile [smaɪl] - lächeln, Lächeln
sofa ['səʊfə] - Sofa
soft [sɔft] - weich
some [sʌm] - einige, ein Paar
something ['sʌmθɪŋ] - etwas
son [sʌn] - Sohn
sonny ['sʌnɪ] - Sohnemann
sorry ['sɔrɪ] - Entschuldigung; Es tut mir leid
Spanish ['spænɪʃ] - Spanisch
Speed up! [spiːd ʌp] - Schneller!
Spongebob - - Spongebob
squirrel ['skwɪrəl] - Eichhörnchen
squirrels ['skwɪrəlz] - Eichhörnchen *(Plural)*
stand [stænd] - stehen
stands up [stændz ʌp] - steht auf
start [stɑːt] - starten (Motor)
stop [stɔp] – anhalten, stoppen (Motor)
straight ahead [streɪt ə'hed] - geradeaus
Sunday ['sʌndeɪ] - Sonntag
sure [ʃʊə] - sicher
swim [swɪm] - schwimmen
swims [swɪmz] - schwimmt
table ['teɪbl] - Tisch
tables ['teɪblz] - Tische
take [teɪk] - nehmen
take a seat [teɪk ə siːt] - sich setzten
take off [teɪk ɔf] - ausziehen
takes [teɪks] - nimmt
tall [tɔːl] - groß
taller ['tɔːlə] - größer
tallest ['tɔːlɪst] - größte
task [tɑːsk] - Aufgabe

tea [tiː] - Tee
teach [tiːtʃ] - lehren
teacher [ˈtiːtʃə] - Lehrer
teachers [ˈtiːtʃəz] - Lehrer *(Plural)*
teachers' [ˈtiːtʃəz] - von Lehrer *(Plural)*
teaches [ˈtiːtʃɪz] - lehrt
tee shirt [tiː ʃɜːt] - T-Shirt
tells [telz] - sagt
ten [ten] - zehn
text [tekst] - Text
than [ðæn] - als
thank [θæŋk] - danken
thanks [θæŋks] - danke
that [ðæt] - das, diese
that's / that is [ðæts / ðət ɪz] - das ist
the [ðiː] - der, die, das
their [ðeə] - ihre
them [ðəm] - sie / ihnen
then [ðen] - dann
there [ðeə] - dort, dorthin
these [ðiːz] - diese *(pl)*
they [ˈðeɪ] - sie *(pl)*
thing [ˈθɪŋ] - Sache
things [ˈθɪŋz] - Sachen
third [ˈθɜːd] - dritte
this [ðɪs] - diese *(sng)*
through [θruː] - durch
Tim [tɪm] - Tim *(Name)*
time [ˈtaɪm] - Zeit
to [tuː] - zu, an
today [təˈdeɪ] - heute
together [təˈgeðə] - zusammen
tomorrow [təˈmɔrəʊ] - morgen
too [tuː] - auch
top [tɔp] - Spitze
toys [tɔɪz] - Spielzeuge
translate [trænzˈleɪt] - übersetzen
translates [trænzˈleɪts] - übersetzt
tree [triː] - Baum
trees [triːz] - Bäume
Tuesday [ˈtjuːzdɪ] - Dienstag
turn left / right [tɜːn left / raɪt] - nach links / rechts

tutor [ˈtjuːtə] - Tutor
tv-set []- Fernseher
twenty [ˈtwentɪ] - zwanzig
twice [twaɪs] - zweimal
two [tuː] - zwei
under [ˈʌndə] - unter
understand [ˌʌndəˈstænd] - verstehen
understands [ˌʌndəˈstændz] - versteht
unhappy [ʌnˈhæpɪ] - unglücklich
up [ʌp] - auf / hinauf
us [əz] - uns
vampire [ˈvæmpaɪə] - Vampir
vampires [ˈvæmpaɪəz] - Vampire
very [ˈverɪ] - sehr
vet [vet] - Tierärztin / Tierarzt
wait [weɪt] - warten
waits [weɪts] - wartet
wake up [weɪk ʌp] - aufwachen
walk [wɔːk] - gehen (zu Fuß)
want [wɔnt] - wollen, möchten
wants [wɔnts] - will
warm [wɔːm] - warm
water [ˈwɔːtə] - Wasser
we [wɪ] - wir
week [wiːk] - Woche
weekend [wiːkˈend] - Wochenende
weekends [wiːkˈendz] - Wochenenden
well [wel] - gut
what [ˈwɔt] - welche, was
wheels [wiːlz] - Räder
where [weə] - wo
white [waɪt] - weiß
who [huː] - wer
whose [huːz] - wessen
why [waɪ] - warum
will [wɪl] - werden / werde / wird
witch [wɪtʃ] - Hexe
witches [ˈwɪtʃɪz] - Hexen
with [wɪð] - mit
without [wɪðˈaʊt] - ohne
woman [ˈwʊmən] - Frau
woman's [ˈwʊmənz] - von Frau
wood [wʊd] - Wald

words [ˈwɜːdz] - Wörter
worse [wɜːs] - schlimmer
worst [wɜːst] - schlimmste
would like [wʊd ˈlaɪk] - möchten; I would like an apple. - Ich möchte ein Apfel.
write [ˈraɪt] - schreiben
writes [ˈraɪts] - schreibt
wrong [rɔŋ] - falsch
years [ˈjɪəz] - Jahre
yellow [ˈjeləʊ] - gelb
yes [jes] - ja
you [jʊ] - Sie, du; you are welcome [jʊ ə ˈwelkəm] - gern geschehen
young [jʌŋ] - jung
your [jə] - Ihr, dein

Wörterbuch Deutsch-Englisch

Abend - evening
aber - but
acht - eight
alle, alles - all
als - than
alt - old
älter - older
Älteste - oldest
am meisten - most
andere - other
Angel - fishing rod
Angst haben - be afraid; Ich habe Angst. - I am afraid.
anhalten - stop
Anita *(Name)* - Anita
Anitas - Anita's
ankommen - arrive
anschauen - look
Antworten - answers
anziehen - put
Apfel - apple, apples
Arzt - doctor
auch - too
auf / hinauf - up
Auf Wiedersehen - bye-bye
auf, an - on
Aufgabe - task
aufwachen - wake up
Augen - eyes
ausziehen - take off
Auto - car
Ball - ball
Bälle - balls
Baum - tree
Bäume - trees
Beeren - berries
beginnen - begin
beginnt - begins
bei, an, zu - at
neben - near
Beispiel - example
Beispiele - examples
bekam - got
bereit - ready
Besitzer - owner
besitzt - owns
besser - better
beste - best
Bett - bed
Betten - beds
bewegen - move
Bibliothek - library
Bibliothekar/in - librarian
Bild - picture
Bilder - pictures
bin - am
bitte - please
blau - blue
Blumen - flowers
Boot - boat
Boote - boats
Böse - evil
Brot - bread
Brücke - bridge
Buch - book
Bücher - books
Bücherregal - bookcase
Bücherregale - bookcases
Café - café
Cafés - cafés
Chinesisch - chinese
cola - cola
cool, super - cool
Dach - roof
danke - thanks
danken - thank
dann - then
das ist - that's / that is
das, diese - that
der, die, das - the
des Jungen - boy's
des Mädchens - girl's

Deutsch - german
Dienstag - Tuesday
diese *(pl)* - these, *(sng)* this
dort, dorthin - there
draußen - outside
dritte - third
durch - through
Dustin *(Name)* - Dustin
echt, wirklich - really
Eichhörnchen - squirrel, *(Plural)* squirrels
Eier - eggs
ein - an, one
ein Elternteil - parent
ein, eine - a
einige - any; keine - not any
einige, ein Paar - some
Eiscreme - ice-cream
Elias *(Name)* - Elias
Eltern - parents
Elterns - parents'
Emily *(Name)* - Emily
Englisch - english
entlang - along
Entschuldigung; Es tut mir leid - sorry
entspannen - relax
er - he
erinnern, sich merken - remember
erklären - explain
erklärt - explains
es - it
essen - eat
etwas - something
Fahrrad - bike
Fahrräder - bikes
falsch - wrong
fangen - catch
fängt - catches
Farbe - color
Fernbedienung - remote control
fertig machen - finish
Filme - films
finden - find
Fisch - fish

Fluss - river
fragen - ask
fragen - asking; ohne zu fragen - without asking
Fragen - questions
Frage-und-Antwort - question-n-answer
fragt - asks
Frau - woman
Fräulein - miss
Freund - friend
Freunde - friends
Freundes - friend's
freundlich - friendly
Frühstück - breakfast
fünf - five
fünfzehn - fifteen
für - for
Fußball - football
Fußbälle - footballs
Garten - garden
geben - give
gehen - go, going
gehen (zu Fuß) - walk
gehören den Jungen - boys'
gehören den Mädchen - girls'
geht - goes
gelb - yellow
Geld - money
gemacht - made
geradeaus - straight ahead
gern geschehen - you are welcome
Geschäfte - shops
Geschäftsmann - businessman
Getränke - drinks
gibt - gives
Glas - glass
glücklich - happy
Grammatikregeln - grammar rules
Gras - grass
groß - big, tall
größer - bigger, taller
größte - biggest, tallest
grün - green

Gummi - rubber
gut - good, well
Guten Appetit! - Bon appetite!
haben - have
hallo - hello, hi
Hamburger - hamburger, *(Plural)* hamburgers
Hand - hand
hat - has
Haus - home
Hausaufgaben - homework
Heft - copybook
helfen - help
heraus / aus - out
Herr - mister / Mr
heute - today
Hexe - witch
Hexen - witches
hier - here
hilft - helps
Himmel - sky
Hotdog - hotdog
Hotdogs - hotdogs
Hügel - hill
Hund - dog
Hunde - dogs
ich - I
ich, mir, mich - me
ihm, ihn - him
Ihr, dein - your
ihre - their, *(Weiblich)* her
in - in, into
in Ordnung - okay
intelligente - intelligent
interessant - interesting
isst - eats
ist - is
ja - yes
Jacke - jacket
Jacob *(Name)* - Jacob
Jahre - years
Jeans - jeans
jeder - every

jetzt - now
Joe *(Name)* - Joe
Julia Potter *(Name)* - Julia Potter
jung - young
Junge - boy
Jungen - boys
Kaffee - coffee
kalt - cold
Kamille *(Name)* - Kamille
kann nicht - can't / cannot
kann, können - may
Kapitän Haken - captain Hook
Kapitel - chapter
Katze - cat
Katzen - cats
kaufen - buy
kein, keine - no
kennt, weiß - knows
Kinder - children
Klasse - class
klein - short, small
klein; wenig - little
kleiner - shorter, smaller
kleinste - shortest
Klingel - bell
Klingeln - bells
kommen - come
kommt - comes
können - can
krank - sick
Küche - kitchen
lächeln, Lächeln - smile
lange - long
länger - longer
langsam - slow, slowly
lass uns - let's / let us
lassen - let
laufen - run
läuft - runs
Laura *(Name)* - Laura
lehren - teach
Lehrer - teacher, *(Plural)* teachers
lehrt - teaches

Leon *(Name)* - Leon
lernen - learn
lesen - read
Lesen - reading
Liebling - dear
liest - reads
links - left
Lisa *(Name)* - Lisa
macht - makes
Mädchen - girl, *(pl)* girls
mag - likes
Mama - mom
Mamas - mom's
Mann - man
Mannes - man's
Material - material
Materialien - materials
mehr - more
mein, meine - my
Mensch - person
Menschen - people
Metall - metal
Meter - meters
Milch - milk
Minute - minute
Minuten - minutes
mit - with
möchten - would like; Ich möchte ein Apfel. - I would like an apple.
mögen - like; Ich mag - I like
Montag - Monday
Morgen - morning
morgen - tomorrow
Motor - motor
Musik - music
Müsli - cereal
muss, müssen - must
nach - after
nach links / rechts - turn left / right
nach unten - down
nächste - next
Name - name
Namen - names

nehmen - take
Netz - net
neu - new
neun - nine
nicht - do not, not
nimmt - takes
nur, lediglich - only
oder - or
öffnen - open
öffnet - opens
ohne - without
Papa - dad, daddy
Papas - dad's
Papier - paper
Park - park
Parks - parks
Pfad - path
Pilze - mushrooms
Piraten - pirates
Plastik - plastic
Polina *(Name)* - Polina
Problem - problem
Räder - wheels
raten, rate mal - guess
reden - chat
Regel - rule
reiten - ride
Rennauto - race car
richtig - right
rot - red
rufen - call
Sache - thing
Sachen - things
sagen - say
sagt - says, tells
satt - full
schaut - looks
schlafen - sleep
schläft - sleeps
schlau, klug - smart
schlecht - bad
schlimmer - worse
schlimmste - worst

schnell - fast, quick
Schneller! - Speed up!
schön - beautiful, nice, fine; Mir geht es gut. - I am fine.
schreiben - write
schreibt - writes
Schule - school
Schulen - schools
Schüler - pupil, schoolboy
Schülerin - schoolgirl
Schulkinder - schoolchildren
schwarz - black
schwimmen - swim
schwimmt - swims
Schwimmwesten - life vests
Seagull *(Name)* - Seagull
sechs - six
sechzig - sixty
See - lake
Seen - lakes
sehen - see
sehr - very
sein - be
seine - his
set - Fernseher - tv
sich setzten - take a seat
sicher - sure
sie - she, *(pl)* they
sie / ihnen - them
Sie, du - you
sieben - seven
sieht - sees
sind, seid - are
sitzen - sit
sitzt - sits
Sofa - sofa
Sohn - son
Sohnemann - sonny
Sonntag - Sunday
Spanisch - Spanish
Speck - bacon
Spiel - game
spielen - play

spielt - plays
Spielzeuge - toys
Spitze - top
Spongebob *(Name)* - Spongebob
Sprache - language
Stadt - city
starten (Motor) - start
stehen - stand
steht auf - gets up, stands up
stellt, legt - puts
Steuermann - navigator
Stift - pen
stoppen (Motor) - stop
Stück - part
Tag - day
Tasche - bag
Tasse - cup
Tee - tea
Teller - plate
Text - text
Tier - animal
Tierärztin / Tierarzt - vet
Tiere - animals
Tim *(Name)* - Tim
Tisch - table
Tische - tables
trinken; Getränk - drink
Tschüß - bye
T-Shirt - tee shirt
tun, machen *(Hilfsverb in Fragesätzen am Satzanfang)* - do
tut, macht; *(Hilfsverb in Fragesätzen am Satzanfang)* - does
Tutor - tutor
über - about, over
überprüfen - check
übersetzen - translate
übersetzt - translates
Übungen - exercises
Uhr - o'clock
um - round
herum - around
und, aber - and

unglücklich - unhappy
uns - us
unsere - our
unter - under
Unterricht, Lektion - lesson
Vampir - vampire
Vampire - vampires
verlässt - leaves
verstehen - understand
versteht - understands
viel - much
viel, viele - lot; viele Parks - a lot of parks
viele - many
vier - four
vierzig - forty
von - from
von Dustin, gehören Dustin - Dustin's
von Frau - woman's
von Freunden - friends'
von Lehrer *(Plural)* - teachers'
von, aus - of
vor - before
Wald - wood
warm - warm
warten - wait
wartet - waits
warum - why
Wasser - water
weg - away
Wege - paths
weich - soft
weiß - white
welche, was - what
wenige - few; einige - a few
wer - who
werden / werde / wird - will
werden; bekommen - get
wessen - whose
wie - how
wieder - again
will - wants
wir - we
wissen - know

wo - where
Woche - week
Wochenende - weekend
Wochenenden - weekends
wollen, möchten - want
Wörter - words
Würstchen - sausages
zehn - ten
zeigen - show
zeigt - shows
Zeit - time
Ziegeln - bricks
Zimmer - room
zu, an - to
zusammen - together
zwanzig - twenty
zwei - two
zweimal - twice

Die 1300 wichtigen englischen Wörter

Days of the week Tage der Woche

Sunday ['sʌndɪ] Der Sonntag
Monday ['mʌndɪ] Der Montag
Tuesday ['tju:zdɪ] Der Dienstag
Wednesday ['wenzdɪ] Der Mittwoch
Thursday ['θɜ:zdɪ] Der Donnerstag
Friday ['fraɪdɪ] Der Freitag
Saturday ['sætədɪ] Der Samstag
week [wi:k] Die Woche
day [deɪ] Der Tag
night [naɪt] Die Nacht
today [tə'deɪ] heute
yesterday ['jestədɪ] gestern
tomorrow [tə'mɔrəʊ] morgen
morning ['mɔ:nɪŋ] Der Morgen
evening ['i:vnɪŋ] Der Abend

Months Die Monate

January ['dʒænjʊərɪ] Der Januar
February ['febjʊərɪ] Der Februar
March [mɑtʃ] Der März
April ['eɪpr(ə)l] Der April
May [meɪ] Der Mai
June [dʒʊn] Der Juni
July [dʒʊ(:)'laɪ] Der Juli
August ['ɔgʌst] Der August
September [sep'tembə] Der September
October [ɔk'təʊbə] Der Oktober
November [nəʊ'vembə] Der November
December [dɪ'sembə] Der Dezember

Seasons of the year Die Jahreszeiten

winter ['wɪntə] Der Winter
spring [sprɪŋ] Der Frühling
summer ['sʌmə] Der Sommer
autumn ['ɔ:təm] Der Herbst

Family Die Familie

aunt [ɑ:nt] Die Tante
brother ['brʌðə] Der Bruder
children ['tʃɪldr(ə)n] Die Kinder
dad Der Papa
daughter ['dɔ:tə] Die Tochter
family ['fæm(ə)lɪ] Die Familie
father ['fɑ:ðə] Der Vater
granddaughter ['græn(d)ˌdɔ:tə] Die Enkelin
grandfather ['græn(d)ˌfɑ:ðə] Der Großvater
grandmother ['græn(d)ˌmʌðə] Die Oma
grandparents ['græn(d)ˌpeər(ə)nts] Die Großeltern
grandson ['græn(d)sʌn] Der Enkel
great-grandfather [ˌgreɪt'græn(d)ˌfɑ:ðə] Der Urgroßvater
great-grandmother [greɪt-'græn(d)ˌmʌðə] Die Urgroßmutter
mother ['mʌðə] Die Mutter
nephew ['nefju:] Der Neffe
niece [ni:s] Die Nichte
parents ['peər(ə)nts] Die Eltern
sister ['sɪstə] Die Schwester
son [sʌn] Der Sohn
uncle ['ʌŋkl] Der Onkel

Appearance and qualities Aussehen und Qualitäten

active [ˈæktɪv] aktiv
bald [bɔːld] kahl
character [ˈkærəktə] Der Charakter
clever [ˈklevə] klug
considerate [kənˈsɪd(ə)rət] rücksichtsvoll
creative [krɪˈeɪtɪv] kreativ
cruel [ˈkruːəl] grausam
curly [ˈkɜːlɪ] lockig
energetic [ˌɛnəˈdʒɛtɪk] energetisch
fat [fæt] fett
generous [ˈdʒen(ə)rəs] großzügig
greedy [ˈgriːdɪ] gierig
hairy [ˈheərɪ] behaart
handsome [ˈhæn(d)səm] gut aussehend
kind [kaɪnd] freundlich
married [ˈmærɪd] verheiratet
old [əʊld] alt
plump [plʌmp] rundlich
polite [pəˈlaɪt] höflich
poor [pʊə] arm
pretty [ˈprɪtɪ] ziemlich
rich [rɪtʃ] reich
rude [ruːd] unhöflich
short [ʃɔːt] kurz
single [ˈdʒen(ə)rəs] einzig
skinny [ˈskɪnɪ] dünn
slim [slɪm] schlank
straight [streɪt] gerade
strong [strɔŋ] stark
stupid [ˈstjuːpɪd] blöd
tactful [ˈtæktf(ə)l] taktvoll
talented [ˈtæləntɪd] talentiert
tall [tɔːl] hoch
thin [θɪn] dünn
ugly [ˈʌglɪ] hässlich
unkind [ʌnˈkaɪnd] unfreundlich
weak [wiːk] schwach
young [jʌŋ] jung

Emotions Emotionen

bored [bɔːd] gelangweilt
confident [ˈkɔnfɪd(ə)nt] zuversichtlich
content [kənˈtent] zufrieden
curious [ˈkjʊərɪəs] neugierig
ecstatic [ɪkˈstætɪk] begeistert
emotion [ɪˈməʊʃ(ə)n] Die Emotion
excited [ɪkˈsaɪtɪd] aufgeregt
goofy [ˈguːfɪ] doof
happy [ˈhæpɪ] glücklich
hoping [ˈhəʊpɪŋ] hoffend
hungry [ˈhʌŋgrɪ] hungrig
lonely [ˈləʊnlɪ] einsam
mischievous [ˈmɪstʃɪvəs] spitzbübisch
nervous [ˈnɜːvəs] nervös
offended [əˈfend] beleidigt
sad [sæd] traurig
scared [skeəd] erschrocken
shocked [ʃɔkd] schockiert
sleepy [ˈsliːpɪ] schläfrig
surprised [səˈpraɪzd] überrascht
thirsty [ˈθɜːstɪ] durstig

tired ['taɪəd] müde

Clothes Kleider

anorak ['æn(ə)ræk] Der Anorak
belt [belt] Der Gürtel
blouse [blaʊz] Die Bluse
boots [bu:ts] Der Stiefel
bracelet ['breɪslɪt] Das Armband
cap ['kæp] Die Kappe
cardigan ['kɑ:dɪgən] Die Strickjacke
clothes [kləʊðz] Die Kleider
coat [kəʊt] Der Mantel
dress [dres] Das Kleid
earring ['ɪərɪŋ] Der Ohrring
fur coat [fɜ: kəʊt] Der Pelzmantel
glasses ['glɑ:sɪz] Die Brille
glove [glʌv] Der Handschuh
hat [hæt] Der Hut
jacket ['dʒækɪt] Die Jacke
jeans [dʒi:nz] Die Jeans
jersey ['dʒɜ:zɪ] Das Trikot
necklace ['nekləs] Die Halskette
nightie ['naɪtɪ] Das Nachthemd
pyjamas [pəˈdʒɑ:məs] Der Pyjama
raincoat ['reɪnkəʊt] Die Regenjacke
ring [rɪŋ] Der Ring
sandals ['sænd(ə)lz] Die Sandalen
scarf [skɑ:f] Der Schal
shirt [ʃɜ:t] Das Hemd
shoes [ʃu:] Die Schuhe
shorts [ʃɔ:ts] Die kurze Hose
skirt [skɜ:t] Der Rock
slippers ['slɪpəz] Die Hausschuhe
sneakers ['sni:kəz] Die Turnschuhe
socks [sɔk] Die Socken
stockings ['stɔkɪŋz] Die Strümpfe
suit [s(j)u:t] Der Anzug
sweater ['swetə] Das Sweatshirt
swimsuit ['swɪmˌsu:t] Der Badeanzug
tie [taɪ] Die Krawatte
tights [taɪts] Die Strumpfhose
tracksuit ['træks(j)u:t] Der Trainingsanzug
trousers ['traʊzəz] Die Hose
T-shirt ['ti:ʃɜ:t] Das T-Shirt
umbrella [ʌmˈbrelə] Der Regenschirm
pants [pænts] Die Hose
watch [wɔtʃ] Die Uhr

House and furniture Haus und Möbel

alarm clock [əˈlɑ:mˌklɔk] Der Wecker
apartment [əˈpɑ:tmənt] Die Wohnung
balcony ['bælkənɪ] Der Balkon
bathroom ['bɑ:θru:m] Das Badezimmer
bed [bed] Das Bett
bedroom ['bedru:m] Das Schlafzimmer
bedspread ['bedspred] Die Tagesdecke
bench [bentʃ] Die Bank
blanket ['blæŋkɪt] Die Decke
bookcase ['bʊkkeɪs] Das Bücherregal
carpet ['kɑ:pɪt] Der Teppich
casket ['kɑ:skɪt] Die Schatulle
chair [tʃeə] Der Sessel
closet ['klɔzɪt] Der Wandschrank
cupboard ['kʌbəd] Der Schrank

curtain ['kɜ:tən] Der Vorhang
desk [desk] Der Schreibtisch
dining room ['daɪnɪŋˌrʊm] Das Esszimmer
door [dɔ:] Die Tür
doorbell ['dɔ:bel] Die Türklingel
downstairs ['daʊn'steəz] unten
furniture ['fɜ:nɪtʃə] Die Möbel
garage ['gærɑ:ʒ] Die Garage
hall [hɔ:l] Der Flur
hallway ['hɔ:lweɪ] Der Korridor
house [haʊs] Das Haus
interior [ɪn'tɪərɪə] Das Innere
kitchen ['kɪtʃɪn] Die Küche
lamp [læmp] Die Lampe
living room ['lɪvɪŋˌrʊm] Das Wohnzimmer
mailbox ['meɪlbɒks] Der Briefkasten
mattress ['mætrəs] Die Matratze
mirror ['mɪrə] Der Spiegel
nightstand [naɪtstænd] Der Nachttisch
picture ['pɪktʃə] Das Bild
pillow ['pɪləʊ] Das Kissen
pillowcase ['pɪləʊkeɪs] Der Kissenbezug
roof [ru:f] Das Dach
room [ru:m] Das Zimmer
safe [seɪf] Der Safe
sheet [ʃi:t] Das Blatt
shelf [ʃelf] Das Regal
shower ['ʃəʊə] Die Dusche
sofa ['səʊfə] Das Sofa
stairs [steə'z] Die Treppe
stool [stu:l] Der Schemel

table ['teɪbl] Die Tabelle
toilet ['tɔɪlət] Die Toilette
upstairs [ʌp'steəz] nach oben
window ['wɪndəʊ] Das Fenster

Kitchen Die Küche

burner ['bɜ:nə] Der Brenner
cabinet ['kæbɪnət] Der Küchenschrank
canister ['kænɪstə] Der Kanister
chair [tʃeə] Der Sessel
cookbook ['kʊkbʊk] Das Kochbuch
dishwasher ['dɪʃˌwɒʃə] Der Geschirrspüler
faucet ['fɔ:sɪt] Der Wasserhahn
freezer ['fri:zə] Der Gefrierschrank
kitchen ['kɪtʃɪn] Die Küche
kitchenware ['kɪtʃɪnweə] Das Geschirr
microwave ['maɪkrə(ʊ)weɪv] Die Mikrowelle
oven ['ʌv(ə)n] Der Ofen
refrigerator [rɪ'frɪdʒ(ə)reɪtə] Der Kühlschrank
sink [sɪŋk] Das Waschbecken
sponge [spʌndʒ] Der Schwamm
stove [stəʊv] Der Herd
table ['teɪbl] Die Tabelle
toaster ['təʊstə] Der Toaster
towel ['taʊəl] Das Handtuch

Tableware Das Geschirr

bottle ['bɒtl] Die Flasche
bowl [bəʊl] Die Schüssel
coffeepot ['kɒfɪpɒt] Die Kaffeetasse
cup [kʌp] Die Tasse
fork [fɔ:k] Die Gabel
frying pan ['fraɪɪŋˌpæn] Die Bratpfanne

glass [glɑ:s] Das Glas
jug [dʒʌg] Der Krug
kettle ['ketl] Der Kessel
knife [naɪf] Das Messer
lid [lɪd] Der Deckel
mug [mʌg] Der Becher
napkin ['næpkɪn] Die Serviette
pan [pæn] Die Pfanne
pepper shaker ['pepə ʃeɪkə] Der Pfefferstreuer
plate [pleɪt] Der Teller
salt shaker [sɔ:lt 'ʃeɪkə] Der Salzstreuer
saucepan ['sɔ:spən] Der Kochtopf
spoon [spu:n] Der Löffel
sugar bowl ['ʃʊgə bəʊl] Die Zuckerschüssel
tableware ['teɪblweə] Das Geschirr
teapot ['ti:pɔt] Die Teekanne

Food Essen
baked [beɪkt] gebacken
bean [bi:n] Die Bohne
beef [bi:f] Das Rindfleisch
bitter ['bɪtə] bitter
bread [bred] Das Brot
butter ['bʌtə] Die Butter
cake [keɪk] Der Kuchen
candy ['kændɪ] Die Süßigkeiten
caviar ['kævɪɑ:] Der Kaviar
cheese [tʃi:z] Der Käse
chicken ['tʃɪkɪn] Das Hähnchen
chocolate ['tʃɔklət] Die Schokolade
cocktail ['kɔkteɪl] Der Cocktail
cocoa ['kəʊkəʊ] Der Kakao

coffee ['kɔfɪ] Der Kaffee
cookie ['kʊkɪ] Das Plätzchen
croissant ['krwɑ:sɑ:ŋ] Das Croissant
cutlet ['kʌtlət] Das Kotelett
egg [eg] Das Ei
fish [fɪʃ] Der Fisch
flour ['flaʊə] Das Mehl
food [fu:d] Das Lebensmittel
fried [fraɪd] gebraten
fruit [fru:t] Die Frucht
ham [hæm] Der Schinken
ice cream [ˌaɪs'kri:m] Das Eis
jam [dʒæm] Die Marmelade
jelly ['dʒelɪ] Das Gelee
juice [dʒu:s] Der Saft
ketchup ['ketʃʌp] Der Ketchup
macaroni [ˌmæk(ə)'rəʊnɪ] Die Makkaroni
mayonnaise [ˌmeɪə'neɪz] Die Mayonnaise
meat [mi:t] Das Fleisch
milk [mɪlk] Die Milch
pancake ['pænkeɪk] Der Pfannkuchen
pasta ['pæstə] Die Pasta
pepper ['pepə] Der Pfeffer
pie [paɪ] Der Kuchen
pizza ['pi:tsə] Die Pizza
pork [pɔ:k] Das Schweinefleisch
porridge ['pɔrɪdʒ] Der Haferbrei
potato [pə'teɪtəʊ] Die Kartoffel
rice [raɪs] Der Reis
salad ['sæləd] Der Salat
salt [sɔ:lt] Das Salz

salted ['sɔːltɪd] gesalzen
sandwich ['sænwɪdʒ] Das Sandwich
sauce [sɔːs] Die Soße
sausage ['sɔsɪdʒ] Die Wurst
soup [suːp] Die Suppe
sour ['saʊə] sauer
spice [spaɪs] würzen
steak [steɪk] Das Steak
sugar ['ʃʊgə] Der Zucker
sweet [swiːt] süß
tea [tiː] Der Tee
vegetables ['vedʒ(ə)təbls] Das Gemüse

Meat and fish Fleisch und Fisch

meat [miːt] Das Fleisch
beef [biːf] Das Rindfleisch
lamb [læm] Das Lamm
mutton [mʌtn] Das Hammelfleisch
pork [pɔːk] Das Schweinefleisch
veal [viːl] Das Kalbfleisch
venison ['vɛnɪs(ə)n] Das Wild
bacon ['beɪkən] Der Speck
ham [hæm] Der Schinken
liver ['lɪvə] Die Leber
kidneys ['kɪdnɪz] Die Nieren
poultry ['pəʊltrɪ] Das Geflügel
chicken ['tʃɪkɪn] Das Hähnchen
turkey ['tɜːkɪ] Der Truthahn
duck [dʌk] Die Ente
goose [guːs] Die Gans
fish [fɪʃ] Der Fisch
cod [kɔd] Der Kabeljau

trout [traʊt] Die Forelle
salmon ['sæmən] Der Lachs
hake [heɪk] Der Seehecht
plaice [pleɪs] Die Scholle
mackerel ['mæk(ə)rəl] Die Makrele
sardine [sɑːˈdiːn] Die Sardine
herring ['hɛrɪŋ] Der Hering
seafood ['siːfuːd] Die Meeresfrüchte
prawn [prɔːn] Die Garnele
shrimp [ʃrɪmp] Die Garnele
mussel ['mʌs(ə)l] Die Muschel
oyster ['ɔɪstə] Die Auster
lobster ['lɔbstə] Der Hummer
squid [skwɪd] Der Tintenfisch
crab [kræb] Die Krabbe

Fruit Die Frucht

apple ['æpl] Der Apfel
apricot ['eɪprɪkɔt] Die Aprikose
banana [bəˈnɑːnə] Die Banane
fruit [fruːt] Die Frucht
grape [greɪp] Die Traube
grapefruit ['greɪpfruːt] Die Grapefruit
kiwi ['kiːwiː] Die Kiwi
lemon ['lemən] Die Zitrone
lime [laɪm] Die Limette
mango ['mæŋgəʊ] Die Mango
melon ['melən] Die Melone
peach [piːtʃ] Der Pfirsich
pear [peə] Die Birne
pineapple ['paɪnæpl] Die Ananas
plum [plʌm] Die Pflaume

Vegetables Das Gemüse

beans [biːnz] Die Bohnen

beet [biːt] Die Zuckerrüben

cabbage [ˈkæbɪdʒ] Der Kohl

carrot [ˈkærət] Die Karotte

celery [ˈsel(ə)rɪ] Der Sellerie

cucumber [ˈkjuːkʌmbə] Die Gurke

dill [dɪl] Der Dill

eggplant [ˈegplaːnt] Die Aubergine

garlic [ˈgaːlɪk] Der Knoblauch

onion [ˈʌnjən] Die Zwiebel

parsley [ˈpaːslɪ] Die Petersilie

pea [piː] Die Erbse

pepper [ˈpepə] Der Pfeffer

potato [pəˈteɪtəʊ] Die Kartoffel

pumpkin [ˈpʌmpkɪn] Der Kürbis

radish [ˈrædɪʃ] Der Rettich

tomato [təˈmaːtəʊ] Die Tomate

vegetable [ˈvedʒ(ə)təbl] Das Gemüse

Beverages Die Getränke

alcohol [ˈælkəhɔl] Alkohol

alcoholic beverage [ælkəˈhɔlɪk ˈbevərɪdʒ] alkoholisches Getränk

beer [bɪə] Das Bier

beverage [ˈbevərɪdʒ] Das Getränk

cocktail [ˈkɔkteɪl] Der Cocktail

cocoa [ˈkəʊkəʊ] Der Kakao

coffee [ˈkɔfɪ] Der Kaffee

drink [drɪŋk] Das Getränk

fruit juice [fruːt dʒuːs] Der Fruchtsaft

iced tea [aɪst tiː] Der Eistee

juice [dʒuːs] Der Saft

lemonade [ˌleməˈneɪd] Die Limonade

milk [mɪlk] Die Milch

milkshake [ˈmɪlkʃeɪk] Der Milchshake

orange juice [ˈɔrɪndʒ dʒuːs] Der Orangensaft

soft drink [sɔft drɪŋk] Das alkoholfreie Getränk

tea [tiː] Der Tee

tomato juice [təˈmaːtəʊ dʒuːs] Der Tomatensaft

vegetable juice [ˈvedʒ(ə)təbl dʒuːs] Der Gemüsesaft

water [ˈwɔːtə] Das Wasser

wine [waɪn] Der Wein

Cooking Das Kochen

add [æd] hinzufügen

bake [beɪk] backen

beat [biːt] schlagen

boil [bɔɪl] kochen

chop [tʃɔp] hacken

cook [kʊk] kochen

cooking [ˈkʊkɪŋ] kochend

fry [fraɪ] braten

grate [greɪt] reiben

grill [grɪl] grillen

melt [mɛlt] schmelzen

mince [mɪns] zerkleinern

mix [mɪks] mischen

peel [piːl] schälen

pour [pɔː] gießen

roast [rəʊst] braten

sift [sɪft] sieben

simmer [ˈsɪmə] kochen

slice [slaɪs] schneiden

stir [stɜ:] rühren

wash [wɔʃ] waschen

weigh [weɪ] wiegen

whisk [wɪsk] verquirlen

Housekeeping Der Haushalt

air [eər] Die Luft

bleach [bli:tʃ] bleichen

broom [bru:m] Der Besen

bucket [ˈbʌkɪt] Der Eimer

cleanser [ˈklɛnzə] Das Reinigungsmittel

clothespin [ˈkləʊðzpɪn] Die Wäscheklammer

dirt [dɜ:rt] Der Schmutz

dust [dʌst] Der Staub

dustpan [ˈdʌs(t)pæn] Die Schaufel

empty [ˈemptɪ] leer

garbage [ˈgɑ:rbɪdʒ] Der Müll

housekeeping [ˈhaʊski:pɪŋ] Die Haushaltung

iron [ˈaɪən] Das Bügeleisen

ironing board [ˈaɪənɪŋbɔ:d] Das Bügelbrett

laundry [ˈlɔ:ndrɪ] Die Wäsche

laundry detergent [ˈlɔ:ndrɪ dɪˈtɜ:dʒ(ə)nt] Das Waschmittel

mop [mɔp] Der Mopp

rag [ræg] Der Lappen

sponge [spʌndʒ] Der Schwamm

sweep [swi:p] fegen

trash can [ˈtræʃˌkæn] Der Mülleimer

vacuum cleaner [ˈvækju:mˌkli:nə] Der Staubsauger

wipe [waɪp] wischen

Body care Die Körperpflege

care [keə] Die Pflege

cologne [kəˈləʊn] Das Eau de Cologne

comb [kəʊm] Der Kamm

dental floss [ˌdentlˈflɔs] Die Zahnseide

deodorant [dɪˈəʊd(ə)r(ə)nt] Das Deodorant

fan [fæn] Der Ventilator

freshener [ˈfreʃ(ə)nə] Das Erfrischungsmittel

hairpin [ˈheəpɪn] Die Haarnadel

hamper [ˈhæmpə] Der Korb

hygiene [ˈhaɪdʒi:n] Die Hygiene

lipstick [ˈlɪpstɪk] Der Lippenstift

mascara [mæˈskɑ:rə] Die Wimperntusche

mirror [ˈmɪrə] Der Spiegel

mouthwash [ˈmaʊθwɔʃ] Das Mundwasser

nail polish [ˈneɪlˌpɔlɪʃ] Die Nagelpolitur

perfume [ˈpɜ:fju:m] Das Parfüm

razor [ˈreɪzə] Der Rasierer

scale [skeɪl] Die Waage

scissors [ˈsɪzəz] Die Schere

shampoo [ʃæmˈpu:] Das Shampoo

shaving cream [ˈʃeɪvɪŋˌkri:m] Der Rasierschaum

shower [ˈʃəʊə] Die Dusche

sink [sɪŋk] Das Waschbecken

soap [səʊp] Die Seife

sponge [spʌndʒ] Der Schwamm

toilet [ˈtɔɪlət] Die Toilette

toothbrush [ˈtu:θbrʌʃ] Die Zahnbürste

toothpaste [ˈtu:θpeɪst] Die Zahnpasta

towel [ˈtaʊəl] Das Handtuch

tweezers ['twi:zəz] Die Pinzette

Weather Das Wetter

breeze [bri:z] Die Brise
bright [braɪt] hell
chilly ['tʃɪlɪ] frostig
cloudy ['klaʊdɪ] bewölkt
cold [kəʊld] kalt
cool [ku:l] kühl
fog [fɔg] Der Nebel
foggy ['fɔgɪ] neblig
frosty ['frɔstɪ] eisig
hail [heɪl] Der Hagel
heat [hi:t] Die Hitze
hot [hɔt] heiß
lightning ['laɪtnɪŋ] Der Blitz
mist [mɪst] Der Nebel
rain [reɪn] Der Regen
rainy ['reɪnɪ] regnerisch
shower ['ʃaʊə] Der Regenschauer
snow [snəʊ] Der Schnee
sunny ['sʌnɪ] sonnig
temperature ['tɛmp(ə)rətʃə] Die Temperatur
weather ['weðə] Das Wetter
wind [wɪnd] Der Wind
windy ['wɪndɪ] windig

Transport Der Transport

airplane ['eəpleɪn] Das Flugzeug
ambulance ['æmbjələn(t)s] Der Krankenwagen
bicycle ['baɪsɪk(ə)l] Das Fahrrad
boat [bəʊt] Das Boot
bus [bʌs] Der Bus

car [kɑ:] Das Auto
helicopter ['helɪkɔptə] Der Hubschrauber
motorcycle ['məʊtəˌsaɪkl] Das Motorrad
police car [pə'li:s kɑ:] Das Polizeiauto
road [rəʊd] Die Straße
sailboat ['seɪlbəʊt] Das Segelboot
scooter [ˈsku:tə] Der Roller
ship [ʃɪp] Das Schiff
street [stri:t] Die Straße
traffic light ['træfɪk 'laɪt] Die Ampel
train [treɪn] Der Zug
tram [trəm] Die Tram
transport [ˌtræn(t)spɔ:'t] Der Transport
truck [trʌk] Der LKW
van [væn] Der Van

City Die Stadt

alley [ˈælɪ] Die Gasse
area [ˈɛ(ə)rɪə] Der Bereich
avenue [ˈævɪnju:] Die Allee
bakery ['beɪkərɪ] Die Bäckerei
bank ['bɑnk] Die Bank
bar [bɑ:] Die Bar
baths [bɑ:θs] Die Badeanstalt
bench [bentʃ] Die Bank
bookstore ['bʊkstɔ:] Die Buchhandlung
bridge [brɪdʒ] Die Brücke
building ['bɪldɪŋ] Das Gebäude
bus stop [bʌs stɔp] Die Bushaltestelle
cafe ['kæfeɪ] Das Café
car park [kɑ:pɑ:k] Der Parkplatz
church [tʃɜ:tʃ] Die Kirche

cinema [ˈsɪnɪmə] Das Kino
circus [ˈsəːkəs] Der Zirkus
city [ˈsɪtɪ] Die Stadt
coffee shop [ˈkɔfɪ ʃɔp] Das Café
corner [ˈkɔːnə] Die Ecke
crossing [ˈkrɔsɪŋ] Die Kreuzung
crosswalk [ˈkrɔswɔːk] Die Fußgängerbrücke
dentist's [ˈdentɪstz] Die Zahnarztpraxis
department store [dɪˈpɑːtmənt stɔː] Das Kaufhaus
doctor's [ˈdɔktəz] Der Arzt
drugstore [ˈdrʌgstɔː] Die Drogerie
fire station [ˈfaɪəˈsteɪʃən] Die Feuerwehr
flower shop [ˈflaʊə ʃɔp] Das Blumengeschäft
flower-bed [ˈflaʊəbed] Das Blumenbeet
fountain [ˈfaʊntɪn] Der Brunnen
gallery [ˈgælərɪ] Die Galerie
gas station [gæs ˈsteɪʃ(ə)n] Die Tankstelle
gate [geɪt] Das Tor
hair salon [heəsæˈlɔːŋ] Der Friseur
hospital [ˈhɔspɪt(ə)l] Das Krankenhaus
hotel [həʊˈtɛl] Das Hotel
intersection [ˌɪntəˈsekʃən] Die Straßenkreuzung
library [ˈlaɪbr(ə)rɪ] Die Bibliothek
map [mæp] Die Karte
market [ˈmɑːkɪt] Der Markt
monument [ˈmɔnjʊmənt] Das Monument
movie theater [ˈmuːvɪˈθɪətə] Das Kino
museum [mjuːˈzɪəm] Das Museum
nightclub [naɪtklʌb] Der Nachtclub
palace [ˈpælɪs] Der Palast

park [pɑːk] Der Park
parking lot [ˈpɑːkɪŋˈlɔt] Der Parkplatz
pavement [ˈpeɪvmənt] Das Pflaster
pedestrian crossing [pɪˈdestrɪənˈkrɔsɪŋ] Der Zebrastreifen
pharmacy [ˈfɑːməsɪ] Die Apotheke
picture gallery [ˈpɪktʃəˈgælərɪ] Die Bildergalerie
police [pəˈliːs] Die Polizei
pool [puːl] Das Schwimmbad
post office [pəʊst ˈɔfɪs] Die Post
restaurant [ˈrestərɔnt] Das Restaurant
road [rəʊd] Die Straße
road sign [rəʊdsaɪn] Das Straßenschild
school [skuːl] Die Schule
seat [siːt] Der Sitz
shop [ʃɔp] Das Geschäft
sidewalk [ˈsaɪdwɔːk] Der Bürgersteig
skyscraper [ˈskaɪˌskreɪpə] Der Wolkenkratzer
square [skweə] Der Platz
stadium [ˈsteɪdjəm] Das Stadion
stall [stɔːl] Der Stall
statue [ˈstætjuː] Die Statue
store [stɔː] Das Geschäft
street [striːt] Die Straße
street map [striːtmæp] Die Straßenkarte
suburb [ˈsʌbəːb] Der Vorort
subway [ˈsʌbweɪ] Die U-Bahn
supermarket [ˈs(j)uːpəˌmɑːkɪt] Der Supermarkt
swimming pool [ˈswɪmɪŋpuːl] Das Schwimmbad
taxi-rank [ˈtæksɪræŋk] Der Taxistand

theatre [ˈθɪətə] Das Theater
town [taʊn] Die Stadt
town plan [taʊnplæn] Der Stadtplan
town square [taʊnskweə] Der Stadtplatz
traffic lights [ˈtræfɪklaɪts] Die Ampeln
train station [treɪn ˈsteɪʃ(ə)n] Der Bahnhof
underground [ˌʌndəˈgraʊnd] Die Untergrundbahn
underpass [ˈʌndəpɑːs] Die Unterführung
university [ˌjuːnɪˈvɜːsɪtɪ] Die Universität
zoo [zuː] Der Zoo

School Die Schule
backpack [ˈbækpæk] Der Rucksack
bell [bɛl] Die Glocke
biology [baɪˈɔlədʒɪ] Die Biologie
blackboard [ˈblækbɔːd] Die Tafel
break [breɪk] Die Unterbrechung
calculator [ˈkælkjʊleɪtə] Der Taschenrechner
chair [tʃeə] Der Sessel
chalk [tʃɔːk] Die Kreide
chemistry [ˈkɛmɪstrɪ] Die Chemie
clamp [klæmp] Die Klemme
classroom [ˈklɑːsrʊm] Das Klassenzimmer
clip [klɪp] Der Clip
clipboard [ˈklɪpbɔːd] Das Klemmbrett
clock [klɔk] Die Uhr
correction fluid [kəˈrɛkʃ(ə)n ˌfluːɪd] Die Korrekturflüssigkeit
curriculum [kəˈrɪkjʊləm] Der Lehrplan
desk [desk] Der Schreibtisch
drawing [ˈdrɔːɪŋ] Die Zeichnung
education [ˌɛdjʊˈkeɪʃ(ə)n] Die Bildung
eraser [ɪˈreɪzə] Der Radiergummi
exam [ɪgˈzæm] Die Prüfung
examination [ɪgˌzæmɪˈneɪʃ(ə)n] Die Untersuchung
file [faɪl] Die Datei
geography [dʒɪˈɔgrəfɪ] Die Erdkunde
globe [gləʊb] Der Globus
glue [gluː] kleben
headmaster [ˌhɛdˈmɑːstə] Der Schulleiter
highlighter [ˈhaɪlaɪtə] Der Textmarker
history [ˈhɪst(ə)rɪ] Die Geschichte
holiday [ˈhɔlɪdɪ] Der Urlaub
lesson [ˈlɛs(ə)n] Die Lektion
locker [ˈlɔkə] Das Schließfach
map [mæp] Die Karte
mark [mɑːk] Das Kennzeichen
marker [ˈmɑːkə] Der Marker
mathematics [ˌmæθɪˈmætɪks] Die Mathematik
music [ˈmjuːzɪk] Die Musik
notebook [ˈnəʊtbʊk] Das Notizbuch
notepad [ˈnəʊtpæd] Der Notizblock
office supplies [ˈɔfɪs səˈplaɪs] Der Bürobedarf
paper [ˈpeɪpə] Das Papier
pen [pen] Der Stift
pencil [ˈpen(t)s(ə)l] Der Bleistift
pencil case [ˈpen(t)s(ə)lˌkeɪs] Das Mäppchen
physics [ˈfɪzɪks] Die Physik
puncher [pʌntʃ] der Locher
pupil [ˈpjuːp(ə)l] Der Schüler
pushpin [ˈpʊʃpɪn] Die Reißzwecke
ruler [ˈruːlə] Das Lineal

school [sku:l] Die Schule
scissors [ˈsɪzəz] Die Schere
scotch tape [ˈskɔtʃˌteɪp] Der Tesafilm
semester [sɪˈmɛstə] Das Semester
sharpener [ʃɑːp(ə)nə] Der Anspitzer
stapler [ˈsteɪplə] Der Hefter
staples [ˈsteɪpls] Die Heftklammern
stationery [ˈsteɪʃ(ə)n(ə)rɪ] Die Schreibwaren
sticker [ˈstɪkə] Der Aufkleber
student [ˈstjuːd(ə)nt] Der Schüler
tape [teɪp] Das Band
teacher [ˈtiːtʃə] Der Lehrer
test [tɛst] Der Test
textbook [ˈtɛkstbʊk] Das Lehrbuch
timetable [ˈtaɪmˌteɪb(ə)l] Der Zeitplan

Professions Die Berufe

accountant [əˈkaʊntənt] Der Buchhalter
actor [ˈæktə] Der Schauspieler
administrator [ədˈmɪnɪstreɪtə] Der Administrator
architect [ˈɑːkɪtɛkt] Der Architekt
artist [ˈɑːtɪst] Der Künstler
athlete [ˈæθliːt] Der Athlet
barber [ˈbɑːbə] Der Herrenfriseur
barman [ˈbɑːmən] Der Barkeeper
bodyguard [ˈbɔdɪgɑːd] Der Leibwächter
builder [ˈbɪldə] Der Erbauer
cashier [kəˈʃɪə] Der Kassierer
cleaner [ˈkliːnə] Der Reiniger
coach [kəʊtʃ] Der Trainer
composer [kəmˈpəʊzə] Der Komponist
consultant [kənˈsʌlt(ə)nt] Der Berater
cook [kʊk] Der Koch
courier [ˈkʊrɪə] Der Kurier
dentist [ˈdɛntɪst] Der Zahnarzt
designer [dɪˈzaɪnə] Der Designer
doctor [ˈdɔktə] Der Arzt
driver [ˈdraɪvə] Der Fahrer
economist [ɪˈkɔnəmɪst] Der Ökonom
electrician [ɪˌlɛkˈtrɪʃ(ə)n] Der Elektriker
engineer [ˌɛndʒɪˈnɪə] Der Ingenieur
financier [f(a)ɪˈnænsɪə] Der Financier
fireman [-ˈfaɪəmən] Der Feuerwehrmann
guide [gaɪd] Der Führer
hairdresser [ˈhɛəˌdrɛsə] Der Friseur
interpreter [ɪnˈtɜːprɪtə] Der Dolmetscher
journalist [ˈdʒɜːn(ə)lɪst] Der Journalist
lawyer [ˈlɔːjə] Der Anwalt
librarian [ɪˌlɛkˈtrɪʃ(ə)n] Der Bibliothekar
manager [ˈmænɪdʒə] Manager
military (man) [ˈmɪlɪt(ə)rɪ] Der Soldat
musician [mjuːˈzɪʃ(ə)n] Der Musiker
nurse [nɜːs] Die Krankenschwester
photographer [fəˈtɔgrəfə] Der Fotograf
plumber [ˈplʌmə] Der Klempner
policeman [-pəˈliːsmən] Der Polizist
politician [ˌpɔlɪˈtɪʃ(ə)n] Der Politiker
postman [-ˈpəʊstmən] Der Briefträger
priest [priːst] Der Priester
profession [prəˈfɛʃ(ə)n] Der Beruf
programmer [ˈprəʊgræmə] Der Programmierer
scientist [ˈsaɪəntɪst] Der Wissenschaftler

secretary [ˈsɛkrət(ə)rɪ] Die Sekretärin

shop assistant [ˈʃɔpəˌsɪstənt] Der Verkäufer

singer [ˈsɪŋə] Der Sänger

stylist [ˈstaɪlɪst] Der Stylist

taxi driver [ˈtæksɪˌdraɪvə] Der Taxifahrer

teacher [ˈtiːtʃə] Der Lehrer

vet [vɛt] Der Tierarzt

waiter [ˈweɪtə] Die Bedienung

writer [ˈraɪtə] Der Schriftsteller

Actions Die Aktionen

bend [bend] biegen

carry [ˈkærɪ] tragen

catch [kætʃ] fangen

crawl [krɔːl] kriechen

dive [daɪv] tauchen

drag [dræg] ziehen

hit [hɪt] schlagen

hold [həʊld] halten

hop [hɔp] hüpfen

jump [dʒʌmp] springen

kick [kɪk] treten

lean [liːn] lehnen

lift [lɪft] aufheben

march [mɑːtʃ] marschieren

pull [pʊl] ziehen

push [pʊʃ] drücken

put [pʊt] stellen

run [rʌn] laufen

sit [sɪt] sitzen

skip [skɪp] überspringen

slap [slæp] schlagen

squat [skwɔt] hocken

stretch [stretʃ] strecken

throw [θrəʊ] werfen

tiptoe [ˈtɪptəʊ] auf Zehenspitzen gehen

walk [wɔːk] gehen

Music Die Musik

accompaniment [tuː əˈkʌmpənɪ] Die musikalische Begleitung

accordion [əˈkɔːdjən] Das Akkordeon

album [ˈælbəm] Das Album

bagpipe [ˈbægpaɪp] Der Dudelsack

balalaika [ˌbæləˈlaɪkə] Die Balalaika

ballet [ˈbæleɪ] Das Ballett

band [bænd] Das Band

bass [beɪs] Der Bass

bassoon [bəˈsuːn] Das Fagott

baton [ˈbætən] Der Taktstock

bow [baʊ] Der Bogen

brass instruments [brɑːs ˈɪnstrəmənts] Die Blechbläser

cello [ˈtʃɛləʊ] Das Cello

chamber music [ˈtʃeɪmbə ˈmjuːzɪk] Die Kammermusik

clarinet [ˌklærɪˈnɛt] Die Klarinette

classical music [ˈklæsɪkəl ˈmjuːzɪk] Die klassische Musik

compose [tuː kəmˈpəʊz] komponieren

composer [kəmˈpəʊzə] Der Komponist

concert [ˈkɔnsət] Das Konzert

conductor [kənˈdʌktə] Der Dirigent

cymbals [ˈsɪmbəlz] Das Becken

drum [drʌm] Die Trommel

drum sticks [drʌm stɪks] Die Trommelstöcke

flute [fluːt] Die Flöte

grand piano [grænd pɪˈænəʊ] Der Konzertflügel

guitar [gɪˈtɑː] Die Gitarre

harp [hɑːp] Die Harfe

horn [hɔːn] Das Horn

instrumental music [ˌɪnstrʊˈmɛntl ˈmjuːzɪk] Die Instrumentalmusik

loudspeaker [laʊdˈspiːkə] Der Lautsprecher

microphone [ˈmaɪkrəfəʊn] Das Mikrofon

musical instruments [ˈmjuːzɪkl ˈɪnstrəmənts] Die Musikinstrumente

musician [mjuːˈzɪʃən] Der Musiker

oboe [ˈəʊbəʊ] Die Oboe

opera [ˈɔpərə] Die Oper

operetta [ˌɔpəˈrɛtə] Die Operette

orchestra [ˈɔːkɪstrə] Das Orchester

organ [ˈɔːgən] Die Orgel

percussion [pəˈkʌʃən] Das Schlagzeug

piano [pɪˈænəʊ] Das Klavier

recital [rɪˈsaɪtl] Die Aufführung

saxophone [ˈsæksəfəʊn] Das Saxophon

single [ˈsɪŋgl] Die Single

soloist [ˈsəʊləʊɪst] Der Solist

song [sɔŋ] Das Lied

sound [saʊnd] Der Klang

string instruments [strɪŋ ˈɪnstrəmənts] Die Streichinstrumente

symphony [ˈsɪmfənɪ] Die Symphonie

synthesizer [ˈsɪnθɪˌsaɪzə] Der Synthesizer

transcribe [tuː trænsˈkraɪb] transkribieren

trombone [trɔmˈbəʊn] Die Posaune

trumpet [ˈtrʌmpɪt] Die Trompete

tuba [ˈtjuːbə] Die Tuba

video (clip) [ˈvɪdɪəʊ klɪp] Das Video (Clip)

viola [vɪˈəʊlə] Die Viola

violin [ˌvaɪəˈlɪn] Die Geige

virtuoso [ˌvɜːtjʊˈəʊzəʊ] Der Virtuose

wind instruments [wɪnd ˈɪnstrəmənts] Die Blasinstrumente

Sports Der Sport

aerobics [ɛəˈrəʊbɪks] Das Aerobic

athletics [æθˈlɛtɪks] die Leichtathletik

basketball [ˈbɑːskɪtbɔːl] Das Basketballspiel

bowling [ˈbəʊlɪŋ] Das Bowling

boxing [ˈbɔksɪŋ] Das Boxen

canoeing [kəˈnuːɪŋ] Der Kanusport

cycling [ˈsaɪklɪŋ] Das Radfahren

dancing [ˈdɑːnsɪŋ] Das Tanzen

diving [ˈdaɪvɪŋ] Das Tauchen

football [ˈfʊtbɔːl] Das Fußballspiel

golf [gɔlf] Das Golf

gymnastics [dʒɪmˈnæstɪks] Die Gymnastik

hockey [ˈhɔkɪ] Das Eishockey

jogging [ˈdʒɔgɪŋ] Das Jogging

judo [ˈdʒuːdəʊ] Das Judo

karate [kəˈrɑːtɪ] Das Karate

parachuting [ˈpærəʃuːtɪŋ] Das Fallschirmspringen

ping-pong [ˈpɪŋˌpɔŋ] Das Tischtennis

racing [ˈreɪsɪŋ] Das Rennen

sailing [ˈseɪlɪŋ] Das Segeln

shooting [ˈʃuːtɪŋ] Das Schießen

skateboarding ['skeɪtbɔ:dɪŋ] Das Skateboarding
skating ['skeɪtɪŋ] Das Skaten
skiing ['ski:ɪŋ] Das Skifahren
sledding ['sledɪŋ] Das Schlittenfahren
swimming [swɪmɪŋ] Das Schwimmen
soccer ['sɔkə] Das Fußballspiel
tennis ['tenɪs] Das Tennis
volleyball ['vɔlɪbɔ:l] Das Volleyballspiel
weightlifting ['weɪtˌlɪftɪŋ] Das Gewichtheben
wrestling ['reslɪŋ] Das Ringen
yachting ['jɔtɪŋ] Das Segeln

Body Der Körper
ankle ['æŋkl] Der Knöchel
arm [ɑ:m] Der Arm
back [bæk] Der Rücken
bald [bɔ:ld] kahl
beard [bɪəd] Der Bart
body ['bɔdɪ] Der Körper
bottom ['bɔtəm] Das Gesäß
calf (calves) [kɑ:f] [kɑ:vz] Die Waden
cheek [ʧi:k] Die Wange
chest [ʧest] Die Brust
chin [ʧɪn] Das Kinn
elbow ['elbəʊ] Der Ellbogen
eye(s) [aɪ] Das Auge (die Augen)
eyebrow ['aɪbraʊ] Die Augenbraue
eyelash ['aɪlæʃ] Die Wimper
eyelid ['aɪlɪd] Das Augenlid
face [feɪs] Das Gesicht
finger ['fɪŋgə] Der Finger

fingernail ['fɪŋgəneɪl] Der Fingernagel
foot (feet) [fʊt] [fi:t] Der Fuß (die Füße)
forehead ['fɔ:hed] Die Stirn
glasses ['glɑ:sɪz] Die Brille
hair [heə] Das Haar
hairy ['heərɪ] behaart
hand [hænd] Die Hand
head [hed] Der Kopf
heel [hi:l] Die Hacke
index finger ['ɪndeks 'fɪŋgə] Der Zeigefinger
knee [ni:] Das Knie
leg [leg] Das Bein
lip(s) [lɪp] Die Lippe(n)
little finger ['lɪtl 'fɪŋgə] Der kleine Finger
man [mæn] Der Mann
middle finger ['mɪdl 'fɪŋgə] Der Mittelfinger
moustache [mə'stɑ:ʃ] Der Schnurrbart
mouth [maʊθ] Der Mund
neck [nek] Der Hals
nose [nəʊz] Die Nase
palm [pɑ:m] Die Handinnenfläche
pupil ['pju:p(ə)l] Die Pupille
ring finger [rɪŋ 'fɪŋgə] Der Ringfinger
shin [ʃɪn] Das Schienbein
shoulder ['ʃəʊldə] Die Schulter
stomach ['stʌmək] Der Bauch
sunglasses ['sʌnˌglɑ:sɪz] Die Sonnenbrille
thigh [θaɪ] Der Schenkel
thumb [θʌm] Der Daumen
toe [təʊ] Die Zehe
toenail ['təʊneɪl] Der Zehennagel

tongue [tʌŋ] Die Zunge
tooth (teeth) [tu:θ] [ti:θ] Der Zahn (die Zähne)
waist [weɪst] Die Taille
woman [ˈwʊmən] Die Frau

Nature Die Natur
beach [bi:tʃ] Der Strand
canyon [ˈkænjən] Die Schlucht
coast [kəʊst] Die Küste
desert [ˈdezət] Die Wüste
field [fi:ld] Das Feld
forest [ˈfɔrɪst] Der Wald
glacier [ˈglæsɪə] Der Gletscher
hill [hɪl] Der Hügel
hollow [ˈhɔləʊ] Die Höhle
island [ˈaɪlənd] Die Insel
jungle [ˈdʒʌngl] Der Dschungel
lake [leɪk] Die See
mountain [ˈmaʊntɪn] Der Berg
nature [ˈneɪtʃə] Die Natur
ocean [ˈəʊʃ(ə)n] Der Ozean
plain [pleɪn] Die Ebene
pond [pɔnd] Der Teich
river [ˈrɪvə] Der Fluss
rock [rɔk] Der Felsen
sea [si:] Das Meer

Pet Das Haustier
cat [kæt] Die Katze
dog [dɔg] Der Hund
guinea pig [ˈgɪnɪˌpɪg] Das Meerschweinchen
hamster [ˈhæmstə] Der Hamster
horse [hɔ:s] Das Pferd

kitten [kɪtn] Das Kätzchen
pet [pɛt] Das Haustier
pig [pɪg] Das Schwein
piglet [ˈpɪglɪŋ] Das Ferkel
puppy [ˈpʌpɪ] Der Welpe
rabbit [ˈræbɪt] Der Hase

Animals Die Tiere
animal [ˈænɪm(ə)l] Das Tier
bat [bæt] Die Fledermaus
bear [beə] Der Bär
beaver [ˈbi:və] Der Biber
bison [ˈbaɪs(ə)n] Der Bison
camel [ˈkæm(ə)l] Das Kamel
chimpanzee [ˌtʃɪmpænˈzi:] Der Schimpanse
deer [dɪə] Der Hirsch
donkey [ˈdɔŋkɪ] Der Esel
elephant [ˈelɪfənt] Der Elefant
fox [fɔks] Der Fuchs
giraffe [dʒɪˈrɑ:f] Die Giraffe
gorilla [gəˈrɪlə] Der Gorilla
hippopotamus [ˌhɪpəˈpɔtəməs] Das Nilpferd
horse [hɔ:s] Das Pferd
hyena [haɪˈi:nə] Die Hyäne
kangaroo [ˌkæŋ(ə)ˈru:] Das Känguru
koala [kəʊˈɑ:lə] Der Koala
leopard [ˈlɛpəd] Der Leopard
lion [ˈlaɪən] Der Löwe
llama [ˈlɑ:mə] Das Lama
monkey [ˈmʌŋkɪ] Der Affe
moose [mu:s] Der Elch
mouse [maʊs] Die Maus

panda [ˈpændə] Der Pandabär
pig [pɪg] Das Schwein
rabbit [ˈræbɪt] Der Hase
rat [ræt] Die Ratte
rhinoceros [raɪˈnɒs(ə)rəs] Das Nashorn
skunk [skʌŋk] Der Skunk
squirrel [ˈskwɪrəl] Das Eichhörnchen
tiger [ˈtaɪgə] Der Tiger
wolf [wʊlf] Der Wolf
zebra [ˈzebrə] Das Zebra

Birds   Die Vögel

bird [bɜːd] Der Vogel
canary [kæˈnɛ(ə)rɪ] Der Kanarienvogel
chicken [ˈtʃɪkɪn] Das Hühnchen
crane [kreɪn] Der Kranich
crow [krəʊ] Die Krähe
cuckoo [ˈkʊkuː] Der Kuckuck
duck [dʌk] Die Ente
eagle [ˈiːg(ə)l] Der Adler
flamingo [fləˈmɪŋgəʊ] Der Flamingo
goose [guːs] Die Gans
hawk [hɔːk] Der Falke
hummingbird [ˈhʌmɪŋbɜːd] Der Kolibri
ostrich [ˈɒstrɪtʃ] Der Vogel Strauß
owl [aʊl] Die Eule
parrot [ˈpærət] Der Papagei
peacock [ˈpiːkɒk] Der Pfau
pelican [ˈpɛlɪkən] Der Pelikan
penguin [ˈpɛŋgwɪn] Der Pinguin
pheasant [ˈfɛz(ə)nt] Der Fasan
pigeon [ˈpɪdʒɪn] Die Taube

seagull [ˈsiːgʌl] Die Möwe
sparrow [ˈspærəʊ] Der Spatz
stork [stɔːk] Der Storch
swallow [ˈswɒləʊ] Die Schwalbe
swan [swɒn] Der Schwan
woodpecker [ˈwʊdˌpɛkə] Der Specht

Flowers   Die Blumen

bouquet [buːˈkeɪ-] Der Strauß
camellia [kəˈmiːlɪə] Die Kamelie
carnation [kɑːˈneɪʃ(ə)n] Die Nelke
crocus [ˈkrəʊkəs] Der Krokus
daffodil [ˈdæfədɪl] Die Narzisse
dahlia [ˈdeɪljə] Die Dahlie
daisy [ˈdeɪzɪ] Das Gänseblümchen
dandelion [ˈdændɪlaɪən] Der Löwenzahn
flower [ˈflaʊə] Die Blume
gladiolus [ˈglædɪˈəʊləsɪz] Die Gladiole
iris [ˈaɪ(ə)rɪs] Die Iris
lavender [ˈlævɪndə] Das Lavendel
lily [ˈlɪlɪ] Die Lilie
lotus [ˈləʊtəs] Der Lotus
narcissus [nɑːˈsɪsəsɪz] Die Narzisse
orchid [ˈɔːkɪd] Die Orchidee
peony [ˈpiːənɪ] Die Pfingstrose
poppy [ˈpɒpɪ] Der Mohn
rose [rəʊz] Die Rose
snowdrop [ˈsnəʊdrɒp] Das Schneeglöckchen
sunflower [ˈsʌnˌflaʊə] Die Sonnenblume
tulip [ˈtjuːlɪp] Die Tulpe
violet [ˈvaɪəlɪt] Das Veilchen

Trees Die Bäume

bark [bɑːk] Die Akazie
beech [biːtʃ] Die Buche
birch [bɜːtʃ] Die Birke
branch [brɑːntʃ] Der Ast
chestnut [ˈtʃɛsnʌt] Die Kastanie
cone [kəʊn] Der Kegel
fir [fɜː] Die Tanne
forest [ˈfɔrɪst] Der Wald
leaf [liːf] Das Blatt
linden [ˈlɪndən] Die Linde
maple [ˈmeɪp(ə)l] Der Ahorn
oak [əʊk] Die Eiche
palm [pɑːm] Die Palme
pine [paɪn] Die Kiefer
poplar [ˈpɔplə] Die Pappel
root [ruːt] Die Wurzel
tree [triː] Der Baum
trunk [trʌŋk] Der Baumstamm
willow [ˈwɪləʊ] Die Weide

Sea Das Meer

alligator [ˈælɪɡeɪtə] Der Alligator
cachalot [ˈkæʃəlɔt] Der Cachalot
coral [ˈkɔrəl] Die Koralle
crab [kræb] Die Krabbe
crayfish [ˈkreɪfɪʃ] Der Flusskrebs
crocodile [ˈkrɔkədaɪl] Das Krokodil
dolphin [ˈdɔlfɪn] Der Delfin
fish [fɪʃ] Der Fisch
frog [frɔg] Der Frosch
jellyfish [ˈdʒelɪfɪʃ] Die Qualle
lobster [ˈlɔbstə] Der Hummer
mollusc [ˈmɔləsk] Das Weichtier
ocean [ˈəʊʃ(ə)n] Der Ozean
octopus [ˈɔktəpəs] Der Tintenfisch
otter [ˈɔtə] Der Otter
sea [siː] Das Meer
sea snake [ˈsiː ˌsneɪk] Die Seeschlange
seal [siːl] Der Seehund
shark [ʃɑːk] Der Hai
shellfish [ˈʃelfɪʃ] Die Meeresfrüchte
shrimp [ʃrɪmp] Die Garnele
snail [sneɪl] Die Schnecke
starfish [ˈstɑː ˌfɪʃ] Der Seestern
swordfish [ˈsɔːd ˌfɪʃ] Der Schwertfisch
tortoise [ˈtɔːtəs] Die Schildkröte
turtle [ˈtɜːtl] Die Schildkröte
walrus [ˈwɔːlrəs] Das Walross
whale [(h)weɪl] Der Wal

Colors Die Farben

Yellow [ˈjeləʊ] gelb
green [griːn] grün
blue [bluː] blau
brown [braʊn] braun
white [waɪt] weiß
red [red] rot
orange [ˈɔrɪndʒ] orange
pink [pɪŋk] rosa
gray [ɡreɪ] grau
black [blæk] schwarz

Size Die Größe

size [saɪz] Die Größe

small [smɔ:l] klein
big [bɪg] groß
medium [ˈmi:dɪəm] mittel
little [lɪtl] klein
large [lɑ:dʒ] groß
huge [hju:dʒ] enorm
long [lɔŋ] lang
short [ʃɔ:t] kurz
wide [waɪd] breit
narrow [ˈnærəʊ] eng
high [haɪ] hoch
tall [tɔ:l] groß
low [ləʊ] niedrig
deep [di:p] tief
shallow [ˈʃæləʊ] flach
thick [θɪk] dick
thin [θɪn] dünn
far [fɑ:] weit
near [nɪə] in der Nähe von

Materials Die Materialien

brick [brɪk] Der Ziegel
cardboard [ˈkɑ:dbɔ:d] Der Karton
clay [kleɪ] Der Lehm
cloth [klɔθ] Das Tuch
concrete [ˈkɔŋkri:t] Der Beton
glass [glɑ:s] Das Glas
leather [ˈlɛðə] Das Leder
material [məˈtɪ(ə)rɪəl] Das Material
metal [mɛtl] Das Metall
paper [ˈpeɪpə] Das Papier
plastic [ˈplæstɪk] Der Kunststoff

rubber [ˈrʌbə] Das Gummi
stone [stəʊn] Der Stein
wood [wʊd] Das Holz
fabric [fəˈbrɪk] Der Stoff

Airport Der Flughafen

(air)plane [(ˈɛə)pleɪn] Das Flugzeug
airport [ˈɛəpɔ:t] Der Flughafen
aisle [aɪl] Der Gang
armrest [ˈɑ:mrɛst] Die Armlehne
backpack [ˈbækpæk] Der Rucksack
baggage [ˈbægɪdʒ] Das Gepäck
boarding [ˈbɔ:dɪŋ] Das Einsteigen
cabin [ˈkæbɪn] Die Kabine
carry-on [ˈkærɪɔn] Das Fortfahren
cockpit [ˈkɔkpɪt] Der Cockpit
customs [ˈkʌstəmz] Der Zoll
delay [dɪˈleɪ] Die Verzögerung
destination [ˌdɛstɪˈneɪʃ(ə)n] Das Reiseziel
emergency [ɪˈmɜ:dʒ(ə)n(t)sɪ] Der Notfall
flight [flaɪt] Der Flug
fuselage [ˈfju:z(ə)lɑ:ʒ] Der Rumpf
gate [geɪt] Das Gate
landing [ˈlændɪŋ] Die Landung
lavatory [ˈlævət(ə)rɪ] Die Toilette
life vest [ˈlaɪfvɛst] Die Rettungsweste
liquid [ˈlɪkwɪd] Die Flüssigkeit
passenger [ˈpæs(ə)ndʒə] Der Passagier
passport [ˈpɑ:spɔ:t] Der Reisepass
runway [ˈrʌnweɪ] Die Startbahn
schedule [ˈʃɛdju:l] Der Zeitplan
seat [si:t] Der Sitz

security, guard [sɪˈkjʊərɪtɪ, gɑːd] Der Sicherheitsbeamte
suitcase [ˈs(j)uːtkeɪs] Der Koffer
tail [teɪl] Das Heck
takeoff [ˈteɪkɔf] Das Abheben
terminal [ˈtɜːmɪn(ə)l] Der Terminal
ticket [ˈtɪkɪt] Die Fahrkarte
trolley [ˈtrɔlɪ] Der Wagen
undercarriage [ˈʌndəˌkærɪdʒ] Das Fahrwerk
visa [ˈviːzə] Das Visum
window [ˈwɪndəʊ] Das Fenster
wing [wɪŋ] Der Flügel

Geography Die Erdkunde
area [ˈeərɪə] Der Bereich
capital [ˈkæpɪtəl] Die Hauptstadt
city [ˈsɪtɪ] Die Stadt
country [ˈkəntrɪ] Das Land
district [ˈdɪstrɪkt] Der Kreis
region [ˈrɪdʒən] Die Region
state [steɪt] Das Bundesland
town [toʊn] Die Stadt
village [ˈvɪlɪdʒ] Das Dorf
cape [keɪp] Das Kap
cliff [klɪf] Das Kliff
glacier [ˈglæsɪə] Der Gletscher
hill [hɪl] Der Hügel
mountain [ˈmaʊntɪn] Der Berg
mountain chain - Die Bergkette / Bergkette -
pass [pas] Der Pass
peak [pɪk] Die Spitze
plain [pleɪn] Die Ebene

plateau [ˈplætəʊ] Das Plateau
summit [ˈsəmɪt] Der Gipfel
valley [ˈvælɪ] Das Tal
volcano [vɔlˈkeɪnəʊ] Der Vulkan
desert [ˈdezət] Die Wüste
equator [ɪˈkweɪtə] Der Äquator
forest [ˈfərɪst] Der Wald
highlands [ˈhaɪlənd] Das Hochland
jungle [ˈjəŋgəl] Der Dschungel
lowlands [ləʊland] Das Tiefland
oasis [əʊˈeɪsɪs] Die Oase
swamp [ˈswɔmp] Der Sumpf
tropics [ˈtrəpɪk] Die Tropen
tundra [ˈtʌndrə] Die Tundra
canal [kəˈnæl] Der Kanal
lake [leɪk] Die See
ocean [ˈəʊʃn] Der Ozean
ocean current [ˈəʊʃn ˈkʌrənt] Die Meeresströmung
pool / pond [puːl pɔnd] Der Pool / Teich
river [ˈrɪvər] Der Fluss
sea [sɪ] Das Meer
spring [sprɪŋ] Die Quelle
stream [strɪm] Der Strom

Crimes Das Verbrechen
arson [ˈɑːsn] Die Brandstiftung
assault [əˈsɔːlt] Der Angriff
bigamy [ˈbɪgəmɪ] Die Bigamie
blackmail [ˈblækmeɪl] Die Erpressung
bribery [ˈbraɪbərɪ] Die Bestechung
burglary [ˈbɜːglərɪ] Der Einbruch

child abuse [tʃaɪld əˈbjuːs] Der Kindesmissbrauch
conspiracy [kənˈspɪrəsɪ] Die Verschwörung
espionage [ˈespɪɑːʒ] Die Spionage
forgery [ˈfɔːdʒərɪ] Die Fälschung
fraud [frɔːd] Der Betrug
genocide [ˈdʒenəsaɪd] Der Völkermord
hijacking [ˈhaɪdʒækɪŋ] Die Entführung
homicide [ˈhɔmɪsaɪd] Der Mord
kidnapping [ˈkɪdnæpɪŋ] Die Entführung
manslaughter [ˈmænslɔːtə] Der Totschlag
mugging [ˈmʌgɪŋ] Der Überfall
murder [ˈmɜːdə] Der Mord
perjury [ˈpɜːdʒərɪ] Der Meineid
rape [reɪp] Die Vergewaltigung
riot [ˈraɪət] Das Randalieren
robbery [ˈrɔbərɪ] Der Raub
shoplifting [ˈʃɔplɪftɪŋ] Der Ladendiebstahl
slander [ˈslɑːndə] Die Verleumdung
smuggling [ˈsmʌglɪŋ] Der Schmuggel
treason [ˈtriːzn] Der Verrat
trespassing [ˈtrespəsɪŋ] Das unerlaubte Betreten

Numbers Nummern

one [wʌn] eins
two [tuː] zwei
three [θriː] drei
four [fɔː] vier
five [faɪv] fünf
six [sɪks] sechs
seven [ˈsev(ə)n] Sieben
eight [eɪt] acht
nine [naɪn] neun
ten [ten] zehn
eleven [ɪˈlev(ə)n] elf
twelve [twelv] zwölf
thirteen [θɜːˈtiːn] dreizehn
fourteen [ˌfɔːˈtiːn] vierzehn
fifteen [ˌfɪfˈtiːn] fünfzehn
sixteen [ˌsɪkˈstiːn] sechzehn
seventeen [ˌsev(ə)nˈtiːn] siebzehn
eighteen [ˌeɪˈtiːn] achtzehn
nineteen [ˌnaɪnˈtiːn] neunzehn
twenty [ˈtwentɪ] zwanzig
twenty-one [ˌtwenɪˈwʌn] einundzwanzig
twenty-two [ˌtwenɪˈtʊ] zweiundzwanzig
thirty [ˈθɜːtɪ] dreißig
forty [ˈfɔːtɪ] vierzig
fifty [ˈfɪftɪ] fünfzig
sixty [ˈsɪkstɪ] sechzig
seventy [ˈsev(ə)ntɪ] siebzig
eighty [ˈeɪtɪ] achtzig
ninety [ˈnaɪntɪ] neunzig
one hundred [wʌn ˈhʌndrəd] einhundert
one hundred and one … einhundertundeins …
two hundred zweihundert
one thousand [wʌn ˈθaʊz(ə)nd] eintausend
one million [wʌn ˈmɪljən] eine Million

Ordinal numbers Ordnungszahlen

first [fɜːst] erste
second [ˈsɛkənd] zweite
third [θɜːd] dritte
fourth [fɔːθ] vierte

fifth [fɪfθ] fünfte

sixth [sɪksθ] sechste

seventh [ˈsɛv(ə)nθ] siebte

eighth [eɪtθ] achte

ninth [naɪnθ] neunte

tenth [tɛnθ] zehnte

eleventh [ɪˈlɛv(ə)nθ] elfte

twelfth [twɛlfθ] zwölfte

thirteenth [ˌθɜːˈtiːnθ] dreizehnte

fourteenth [ˌfɔːˈtiːnθ] vierzehnte

fifteenth [fɪfˈtiːnθ] fünfzehnte

sixteenth [ˌsɪkˈstiːnθ] sechzehnte

seventeenth [ˌsɛv(ə)nˈtiːnθ] siebzehnte

eighteenth [eɪˈtiːnθ] achtzehnte

nineteenth [ˌnaɪnˈtiːnθ] neunzehnte

twentieth [ˈtwɛntɪθ] zwanzigste

twenty-first [ˈtwɛntɪ fɜːst] einundzwanzigste

twenty-second [ˈtwɛntɪ ˈsɛkənd] zweiundzwanzigste

twenty-third [ˈtwɛntɪ θɜːd] dreiundzwanzigste

twenty-fourth [ˈtwɛntɪ fɔːθ] vierundzwanzigste

twenty-fifth [ˈtwɛntɪ fɪfθ] fünfundzwanzigste

twenty-sixth [ˈtwɛntɪ sɪksθ] sechsundzwanzigste

twenty-seventh [ˈtwɛntɪ ˈsɛv(ə)nθ] siebenundzwanzigste

twenty-eighth [ˈtwɛntɪ eɪtθ] achtundzwanzigste

twenty-ninth [ˈtwɛntɪ naɪnθ] neunundzwanzigste

thirtieth [ˈθɜːtɪθ] dreißigste

fortieth [ˈfɔːtɪəθ] vierzigste

fiftieth [ˈfɪftɪɪθ] fünfzigste

sixtieth [ˈsɪkstɪɪθ] sechzigste

seventieth [ˈsɛv(ə)ntɪθ] siebzigste

eightieth [ˈeɪtɪəθ] achtzigste

ninetieth [ˈnaɪntɪəθ] neunzigste

hundredth [ˈhʌndrədθ] hundertste

thousandth [ˈθaʊz(ə)ndθ] tausendste

millionth [ˈmɪljənθ] millionste

Irregular Verbs

Die unregelmäßigen Verben

Infinitive	Past Tense	Past Participle	German
abide	abode	abode	bleiben, fortdauern
arise	arose	arisen	entstehen
awake	awoke / awaked	awoke / awaked / awoken	(auf)wecken
be	was, were	been	sein
bear	bore	born(e)	gebären, ertragen
beat	beat	beaten	schlagen, besiegen
become	became	become	werden
beget	begot	begotten	erzeugen, hervorbringen
begin	began	begun	anfangen
belay	belaid	belayed	festmachen
bend	bent	bent	biegen
bereave	bereaved	bereft	berauben
beseech	besought	besought	ersuchen, anflehen
bet	bet	bet	wetten
bid	bade / bid	bidden / bid	einladen, setzen (Kartenspiel)
bind	bound	bound	binden
bite	bit	bit, bitten	beißen
bleed	bled	bled	bluten
blow	blew	blown	blasen
break	broke	broken	(zer)brechen
breed	bred	bred	verursachen
bring	brought	brought	bringen
broadcast	broadcast	broadcast	senden / übertragen
build	built	built	bauen
burn	burnt (burned)	burnt (burned)	(ver)brennen
burst	burst	burst	platzen

buy	bought	bought	kaufen
can	could	-	können
cast	cast	cast	auswerfen, werfen
catch	caught	caught	fangen
chide	chide	chidden	(aus)schimpfen, tadeln
choose	chose	chosen	(aus)wählen
cleave	clove / cloven	cleft	(zer)teilen, (zer)schneiden, (zer)spalten
cling	clung	clung	kleben, haften
clothe	clothed / clad+	clothed / clad+	(an-, be-, ein-) kleiden
come	came	come	kommen
cost	cost	cost	kosten
creep	crept	crept	kriechen, schleichen
crow	crowed / crew	crowed	a. (rum)krähen (Kinder, Hahn) / b. protzen, prahlen
cut	cut	cut	schneiden
dare	dared / durst	dared	(sich etwas) trauen, wagen
deal	dealt	dealt	handeln
dig	dug	dug	graben
do	did	done	tun
draw	drew	drawn	zeichnen, ziehen
dream	dreamt (dreamed)	dreamt (dreamed)	träumen
drink	drank	drunk	trinken
drive	drove	driven	fahren
dwell	dwelt	dwelt	wohnen, leben
eat	ate	eaten	essen
fall	fell	fallen	fallen
feed	fed	fed	füttern
feel	felt	felt	(sich) fühlen

fight	fought	fought	kämpfen
find	found	found	finden
fit	fit	fit	passen
flee	fled	fled	fliehen
fling	flung	flung	schleudern
fly	flew	flown	fliegen
forbear	forbore	forborne	unterlassen, enthalten, Abstand nehmen
forbid	forbade	forbidden	verbieten / untersagen
forego	forewent	forgone	verzichten auf; aufgeben; Abstand nehmen von
forget	forgot	forgotten	vergessen
forgive	forgave	forgiven	verzeihen, vergeben
forsake	forsook	forsaken	aufgeben, verlassen, im Stich / hinter sich lassen
freeze	froze	frozen	frieren
geld	gelded	gelt	a. kastrieren b. verschneiden
get	got	got(ten, AE)	bekommen
give	gave	given	geben
go	went	gone	gehen, fahren
grind	ground	ground	schleifen
grow	grew	grown	wachsen, anbauen
hang	hung	hung	(auf)hängen
have	had	had	haben
hear	heard	heard	hören
heave	hove	hove	heben
hide	hid	hidden	verstecken
hit	hit	hit	schlagen, treffen
hold	held	held	halten
hurt	hurt	hurt	verletzen

input	input (inputted)	input (inputted)	(Passwort) eingeben
keep	kept	kept	halten
knit	knit (knitted)	knit (knitted)	stricken
kneel	knelt	knelt	knien
know	knew	known	wissen
lay	laid	laid	legen
lead	led	led	leiten, führen
lean	leant	leant	lehnen
leap	leapt	leapt	springen
learn	learnt (learned)	learnt (learned)	lernen
leave	left	left	(weg)gehen, (ver)lassen
lend	lent	lent	leihen
let	let	let	lassen
lie	lay	lain	liegen
light	lit (lighted)	lit (lighted)	anzünden / entzünden)
lose	lost	lost	verlieren
make	made	made	machen
may	might	-	können
mean	meant	meant	meinen
meet	met	met	treffen
misunderstand	misunderstood	misunderstood	missverstehen
mow	mowed	mown (mowed)	mähen
must	had to	had to	müssen, dürfen
offset	offset	offset	ausgleichen
pay	paid	paid	(be)zahlen
put	put	put	legen, setzen, stellen
quit	quit	quit	beenden, kündigen
read	read	read	lesen
rend	rent	rent	zerreißen, zerfleischen

rewrite	rewrote	rewritten	neu schreiben / umschreiben
rid	rid	rid	befreien, loswerden
ride	rode	ridden	reiten, fahren
ring	rang	rung	läuten
rise	rose	risen	aufgehen/-stehen
run	ran	run	laufen, rennen
say	said	said	sagen
see	saw	seen	sehen
seek	sought	sought	(auf)suchen
sell	sold	sold	verkaufen
send	sent	sent	schicken, senden
set	set	set	setzen, stellen
sew	sewed	sewn	nähen
shake	shook	shaken	schütteln
shave	shaved	shaven (shaved)	rasieren
shed	shed	shed	abwerfen, haaren, vergießen
shine	shone	shone	scheinen
shoe	shod	shod	a. beschuhen b. beschlagen (Pferd)
shoot	shot	shot	schießen
show	showed	shown (showed)	zeigen
shrink	shrank	shrunk	schrumpfen
shut	shut	shut	schließen
sing	sang	sung	singen
sink	sank	sunk	sinken
sit	sat	sat	sitzen
slay	slew	slain	töten, ermorden, erschlagen
sleep	slept	slept	schlafen
slide	slid	slide	gleiten
sling	slung	slung	schleudern

slink	slunk	slunk	(weg)schleichen, davonschleichen
slit	slit	slit	(auf-, zer-)schlitzen, zerschneiden
smell	smelt (smelled)	smelt (smelled)	riechen
smite	smote	smitten	quälen, schlagen
sneak	snuck (sneaked)	snuck (sneaked)	schleichen
sow	sowed	sown	sähen
speak	spoke	spoken	sprechen
speed	sped	sped (speeded)	(mit dem Auto) rasen
spell	spelt (spelled)	spelt (spelled)	buchstabieren
spend	spent	spent	verbringen, ausgeben
spill	spilt	spilt	verschütten
spin	spun	spun	drehen, spinnen
spit	spat	spat	spucken
split	split	split	teilen, spalten
spoil	spoilt	spoilt	verderben
spread	spread	spread	sich ausbreiten
spring	sprang	sprung	springen
stand	stood	stood	stehen
steal	stole	stolen	stehlen
stick	stuck	stuck	kleben
sting	stung	stung	brennen, schmerzen
stink	stank	stunk	stinken
strew	strewed	strewn (strewed)	streuen
stride	strode	stridden	schreiten, überschreiten
strike	struck	struck / stricken	stoßen, streiken
string	strung	strung	bespannen, aufreihen
strive	strove	striven	streben, (sich) bemühen
swear	swore	sworn	schwören
sweep	swept	swept	fegen

swell	swelled	swollen	(an-, auf-)schwellen, (an)steigen
swim	swam	swum	schwimmen
swing	swung	swung	schaukeln
take	took	taken	nehmen
teach	taught	taught	unterrichten
tear	tore	torn	reißen
tell	told	told	erzählen
think	thought	thought	denken
thrive	throve	thriven	a. gedeihen b. blühen
throw	threw	thrown	werfen
thrust	thrust	thrust	stechen, stoßen (mit einem Messer)
tread	trod	trodden	treten, betreten, laufen
understand	understood	understood	verstehen
undersell	undersold	undersold	unterbieten / unter Wert verkaufen
undertake	undertook	undertaken	(Aufgabe) übernehmen
wake	woke	woken	(auf)wachen
wear	wore	worn	tragen (Kleidungsstück)
weave	wove	woven	weben, flechten
weep	wept	wept	weinen
win	won	won	gewinnen
wind	wound	wound	winden, wickeln, schlängeln,
withdraw	withdrew	withdrawn	zurückziehen
wring	wrung	wrung	(aus)wringen
write	wrote	written	schreiben

Important Ajectives
Wichtige Adjektive

ambitious [æmˈbɪʃəs] - ehrgeizig
annoying [əˈnɔɪŋ] - ärgerlich
anxious [ˈæŋkʃəs] - ängstlich
attractive [əˈtræktɪv] - anziehend
beautiful [ˈbjuːtəfl] - schön
boring [ˈbɔːrɪŋ] - langweilig
brilliant [ˈbrɪlɪənt] - geistreich
calm, quiet, silent [kɑːm | ˈkwaɪət | ˈsaɪlənt] - ruhig
careful [ˈkeəfʊl] - sorgfältig, vorsichtig
charming [ˈtʃɑːmɪŋ] - bezaubernd
cheerful, merry, gay [ˈtʃɪəfəl | ˈmerɪ | ɡeɪ] - lustig
coarse, rude [kɔːs | ruːd] - grob
content [kənˈtent] - zufrieden
cunning [ˈkʌnɪŋ] - schlau
curious [ˈkjʊərɪəs] - neugierig
diligent [ˈdɪlɪdʒənt] - fleißig
eager [ˈiːɡə] - eifrig
excellent [ˈeksələnt] - ausgezeichnet
excited [ɪkˈsaɪtɪd] - aufgeregt
experienced [ɪkˈspɪərɪənst] - erfahren
faithful [ˈfeɪθfəl] - treu
fast [fɑːst] - schnell
frank, candid [fræŋk | ˈkændɪd] - offen
friendly [ˈfrendlɪ] - freundlich
funny [ˈfʌnɪ] - spaßig
furious [ˈfjʊərɪəs] - wütend
glad [ɡlæd] - froh

grateful, thankful [ˈɡreɪtfəl | ˈθæŋkfəl] - dankbar
greedy [ˈɡriːdɪ] - gierig
happy, lucky [ˈhæpɪ | ˈlʌkɪ] - glücklich
helpful [ˈhelpfəl] - hilfsbereit
helpless [ˈhelpləs] - hilflos
honest [ˈɔnɪst] - ehrlich
impudent [ˈɪmpjʊdənt] - frech
indifferent [ɪnˈdɪfrənt] - gleichgütig
intelligent [ɪnˈtelɪdʒənt] - klug
jealous [ˈdʒeləs] - eifersüchtig
loving, affectionate [ˈlʌvɪŋ | əˈfekʃənət] - liebevoll
mad, crazy [mæd | ˈkreɪzɪ] - verrückt
mean [miːn] - geizig
moderate [ˈmɔdəreɪt] - gemäßigt
modest [ˈmɔdɪst] - bescheiden
nervous [ˈnɜːvəs] - nervös
nice, kind [naɪs | kaɪnd] - nett
plain [pleɪn] - einfach
polite [pəˈlaɪt] - höflich
pretty, nice [ˈprɪtɪ | naɪs] - hübsch
punctual [ˈpʌŋktʃʊəl] - pünktlich
pure, clean [pjʊə | kliːn] - rein
reliable [rɪˈlaɪəbl] - zuverlässig
resolute [ˈrezəluːt] - entschlossen
respectable, decent [rɪˈspektəbl | ˈdiːsnt] - anständig
ridiculous [rɪˈdɪkjʊləs] - lächerlich

sad [sæd] - traurig
serious, grave [ˈsɪərɪəs | greɪv] - ernst
shy [ʃaɪ] - schüchtern
slow [sloʊ] - langsam
soft [sɔft] - weich
strange, odd [streɪndʒ | ɔd] - seltsam
stubborn, tough [ˈstʌbən | tʌf] - zäh
stupid [ˈstjuːpɪd] - dumm
successful [səkˈsesfəl] - erfolgreich
superficial, shallow [ˌsuːpəˈfɪʃl | ˈʃæloʊ] - oberflächlich
surprised [səˈpraɪzd] - überrascht
sympathetic [ˌsɪmpəˈθetɪk] - mitfühlend

tired [ˈtaɪəd] - müde
ugly [ˈʌglɪ] - häßlich
uneducated [ʌnˈedʒʊkeɪtɪd] - ungebildet
ungrateful [ʌnˈgreɪtfəl] - undankbar
unhappy [ʌnˈhæpɪ] - unglücklich
unjust, unfair [ʌnˈdʒʌst | ˌʌnˈfeə] - ungerecht
violent [ˈvaɪələnt] - heftig
weak [wiːk] - schwach
wicked, evil [ˈwɪkɪd | ˈiːvl] - böse
wise [waɪz] - weise
youthful [ˈjuːθfəl] - jugendlich

Physical qualities
Körperliche Eigenschaften

big [bɪg] - groß
small oder little [smɔːl | ˈlɪtl] - klein
fast [fɑːst] - schnell
slow [sloʊ] - langsam
good [gʊd] - gut
bad [bæd] - schlecht
expensive [ɪkˈspensɪv] - teuer
cheap [tʃiːp] - billig
thick [θɪk] - dick
thin [θɪn] - dünn
narrow [ˈnæroʊ] - eng
wide [waɪd], broad [brɔːd] - breit
loud [laʊd] - laut
quiet [ˈkwaɪət] - leise
intelligent [ɪnˈtelɪdʒənt] - intelligent
stupid [ˈstjuːpɪd] - dumm

wet [wet] - nass
dry [draɪ] - trocken
heavy [ˈhevɪ] - schwer
light [laɪt] - leicht
hard [hɑːd] - hart
soft [sɔft] - weich
shallow [ˈʃæloʊ] - flach, seicht
deep [diːp] - tief
easy [ˈiːzɪ] - leicht
difficult [ˈdɪfɪkəlt] - schwierig
weak [wiːk] - schwach
strong [strɔŋ] - stark
rich [rɪtʃ] - reich
poor [pʊə] - arm
young [jʌŋ] - jung
old [oʊld] - alt

long [ˈlɔŋ] - lang
short [ʃɔːt] - kurz
high [haɪ] - hoch
low [loʊ] - tief
generous [ˈdʒenərəs] - großzügig
mean [miːn] - geizig
true [truː] - richtig

false [ˈfɔːls] - falsch
beautiful [ˈbjuːtəfl] - schön
ugly [ˈʌglɪ] - hässlich
new [njuː] - neu
old [oʊld] - alt
happy [ˈhæpɪ] - fröhlich, glücklich
sad [sæd] - traurig

Antonyms
Gegenteile

safe [seɪf] - sicher
dangerous [ˈdeɪndʒərəs] - gefährlich
early [ˈɜːlɪ] - früh
late [leɪt] - spät
light [laɪt] - hell
dark [dɑːk] - dunkel
open [ˈoʊpən] - offen, geöffnet
closed oder shut [kloʊzd | ʃʌt] - geschlossen, zu
tight [taɪt] - stramm, fest
loose [luːs] - locker
full [fʊl] - voll
empty [ˈemptɪ] - leer
many [ˈmenɪ] - viele
few [fjuː] - wenige
alive [əˈlaɪv] - lebendig
dead [ded] - tot
hot [hɔt] - heiß
cold [koʊld] - kalt
interesting [ˈɪntrəstɪŋ] - interessant
boring [ˈbɔːrɪŋ] - langweilig
lucky [ˈlʌkɪ] - glücklich

unlucky [ʌnˈlʌkɪ] - unglücklich
important [ɪmˈpɔːtnt] - wichtig
unimportant [ˌʌnɪmˈpɔːtnt] - unwichtig
right [raɪt] - richtig
wrong [rɔŋ] - falsch
far [ˈfɑː] - weit
near [nɪə] - nah
clean [kliːn] - sauber
dirty [ˈdɜːtɪ] - schmutzig
nice [naɪs] - nett
nasty [ˈnɑːstɪ] - gemein
pleasant [ˈpleznt] - angenehm
unpleasant [ʌnˈpleznt] - unangenehm
excellent [ˈeksələnt] - ausgezeichnet
terrible [ˈterəbl] - schrecklich
fair [feə] - fair
unfair [ˌʌnˈfeə] - unfair
normal [ˈnɔːml] - normal
abnormal [æbˈnɔːml] - anormal

Buchtipps

Das Erste Englische Lesebuch für Anfänger Band 1
Zweisprachig mit Englisch-deutscher Übersetzung
Stufen A1 und A2

Das Buch enthält einen Kurs für Anfänger und fortgeschrittene Anfänger, wobei die Texte auf Deutsch und auf Englisch nebeneinanderstehen. Die Motivation des Schülers wird durch lustige Alltagsgeschichten über das Kennenlernen neuer Freunde, Studieren, die Arbeitssuche, das Arbeiten etc. aufrechterhalten. Die dabei verwendete Methode basiert auf der natürlichen menschlichen Gabe, sich Wörter zu merken, die immer wieder und systematisch im Text auftauchen. Sätze werden stets aus den im vorherigen Kapitel erklärten Wörtern gebildet. Das zweite und die folgenden Kapitel des Anfängerkurses haben nur jeweils 29 neue Wörter. Die Audiodateien sind auf www.lppbooks.com/English/FirstEnglishReader_audio/ inklusive erhältlich.

Das Erste Englische Lesebuch für Anfänger Band 2
Zweisprachig mit Englisch-deutscher Übersetzung
Niveaustufe A2

Dieses Buch ist Band 2 des Ersten Englischen Lesebuches für Anfänger. Das Buch enthält einen Kurs für Anfänger und fortgeschrittene Anfänger, wobei die Texte auf Deutsch und auf Englisch nebeneinanderstehen. Die dabei verwendete Methode basiert auf der natürlichen menschlichen Gabe, sich Wörter zu merken, die immer wieder und systematisch im Text auftauchen. Sätze werden stets aus den im vorherigen Kapitel erklärten Wörtern gebildet. Audiodateien sind auf www.lppbooks.com/English/FirstEnglishReaderV2_audio/ inklusive erhältlich.

Das Erste Englische Lesebuch für Anfänger Band 3
Zweisprachig mit Englisch-deutscher Übersetzung
Niveaustufe A2

Dieses Buch ist Band 3 des Ersten Englischen Lesebuches für Anfänger. Das Buch enthält einen Kurs für Anfänger und fortgeschrittene Anfänger, wobei die Texte auf Deutsch und auf Englisch nebeneinanderstehen. Die dabei verwendete Methode basiert auf der natürlichen menschlichen Gabe, sich Wörter zu merken, die immer wieder und systematisch im Text auftauchen. Sätze werden stets aus den im vorherigen Kapitel erklärten Wörtern gebildet. Audiodateien sind auf www.lppbooks.com/English/FirstEnglishReaderV3_audio/ inklusive erhältlich.

Das Zweite Englische Lesebuch
Zweisprachig mit Englisch-deutscher Übersetzung
Niveaustufen A2 B1

Das Zweite Englische Lesebuch ist ein zweisprachiges Buch für die Stufen A2 B1. Dieses Buch ist bestens für Sie geeignet, wenn Sie bereits Erfahrung mit der englischen Sprache haben. Das Buch ist nach der ALARM-Methode aufgebaut. Neue Worte werden im Buch von Zeit zu Zeit wiederholt, dadurch können Sie sich leichter an sie erinnern. Sie werden den englischen Wortschatz ohne Probleme erlernen, dabei helfen Ihnen die deutschen Übersetzungen und Paralleltexte. Audiodateien sind auf www.lppbooks.com/English/SecondEnglishReader_audio/ inklusive erhältlich.

Das Erste Englische Lesebuch für Kinder und Eltern
Zweisprachig mit Englisch-deutscher Übersetzung
Niveaustufe A1

Das Buch enthält einen Anfängerkurs für Kinder, wobei die Texte auf Deutsch und auf Englisch nebeneinanderstehen. Die dabei verwendete Methode basiert auf der natürlichen menschlichen Gabe, sich Wörter zu merken, die immer wieder und systematisch im Text auftauchen. Sätze werden stets aus den im vorherigen Kapitel erklärten Wörtern gebildet. Mit dem ersten Kapitel gibt es Bilder und die ersten einfachen Vokabeln, aus welchen verschiedene Sätze gebildet wurden. Mit dem zweiten Kapitel kommen die nächsten Bilder und Vokabeln hinzu, bis im Laufe des Buches aus zusammengewürfelten Sätze, kleine Geschichten werden. Einfache Texte und ein ausgewählter und dosierter Grundwortschatz führen den Lernenden behutsam in die englische Sprache ein. Audiodateien sind auf www.lppbooks.com/English/DasErsteEnglischeLesebuchfurKinderundEltern/ inklusive erhältlich.

Das Erste Englische Lesebuch für Kaufmännische Berufe und Wirtschaft
Zweisprachig mit Englisch-deutscher Übersetzung
Niveaustufen A1 A2

Der Inhalt des Buches ist aufgeteilt in 25 Kapitel, die auf die Stufen A1 und A2 des gemeinsamen europäischen Referenzrahmen vorbereiten sollen. In jedem Kapitel wird eine Anzahl an Vokabeln vermittelt, die anschließend direkt in kurzen, einprägsamen Sätzen und Texten veranschaulicht werden. Dabei handelt es sich durchgehend um alltagstaugliches Material für Berufssituationen wie Telefonate, Besprechungen, Geschäftsreisen und Geschäftskorrespondenz. Die Audiodateien sind auf www.lppbooks.com/English/FirstBusinessReader/ inklusive erhältlich.

Das Erste Englische Lesebuch für Medizinische Fachangestellte
Zweisprachig mit Englisch-deutscher Übersetzung
Niveaustufen A1 A2

Bei diesem Lehrbuch handelt es sich um ein Lesebuch für medizinische Fachangestellte, und dementsprechend behandeln die Lektionstexte und Vokabeln auch Themen wie Patientengespräche, Diagnostik, die Beschreibung von Symptomen und vieles mehr, was man im Kontakt mit Ärzten und Patienten braucht. Die Lektionen sind in mehrere Blöcke unterteilt: Vokabelliste mit Lautschrift und Übersetzung, kurze Übungsdialoge und zweisprachige Texte und meistens im Anschluss einige Verständnisfragen zu den Gesprächsinhalten. Die Audiodateien sind auf www.lppbooks.com/English/FirstMedicalReader/ inklusive erhältlich.

Das Erste Englische Lesebuch für Studenten
Zweisprachig mit Englisch-deutscher Übersetzung
Niveaustufen A1 A2

Das Buch enthält einen Kurs für Anfänger und fortgeschrittene Anfänger, wobei die Texte auf Deutsch und auf Englisch nebeneinander stehen. Die Dialoge sind praxisnah und alltagstauglich. Die dabei verwendete Methode basiert auf der natürlichen menschlichen Gabe, sich Wörter zu merken, die immer wieder und systematisch im Text auftauchen. In jedem Kapitel wird eine Anzahl an Vokabeln vermittelt, die anschließend direkt in kurzen, einprägsamen Texten und Dialogen veranschaulicht werden. Audiodateien sind auf www.lppbooks.com/English/SuG/ erhältlich.

Das Englische Lesebuch zum Kochen
Zweisprachig mit Englisch-deutscher Übersetzung
Niveaustufen A1 A2

Lernt man eine Sprache, hilft die Bekanntheit mit einem Thema, eine Verbindung zwischen zwei Sprachen herzustellen. Das Englische Lesebuch zum Kochen stellt die Wörter und Sätze sowohl in Englisch als auch in Deutsch zur Verfügung. Fünfundzwanzig Kapitel sind in Themen und Inhalte bezüglich Kochen und Nahrung gegliedert. Rezeptanleitungen, zusammen mit leichten Fragen und Antworten, zeigen den Gebrauch dieser Wörter und Sätze. Zusätzliche Hilfe beinhalten die Englisch-Deutsch und Deutsch-Englisch Wörterbücher. Es könnte Ihren Appetit anregen oder Englischlernenden wie Ihnen helfen, ihre Kenntnis in einem bekannten Umfeld der Küche zu verbessern. Audiodateien sind auf www.lppbooks.com/English/DELKv1/ inklusive erhältlich.

Erste Englische Fragen und Antworten für Anfänger
Zweisprachig mit Englisch-deutscher Übersetzung
Niveaustufen A1 A2

Das Buch enthält einen Kurs für Anfänger und fortgeschrittene Anfänger, wobei die Texte auf Deutsch und auf Englisch nebeneinander stehen. Die Lektionen sind in mehrere Blöcke unterteilt: Vokabelliste mit Übersetzung, zweisprachige Texte, und Verständnisfragen zu den Gesprächsinhalten. Das Buch enthält viele Beispiele für Fragen und Antworten im Englischen. Die dabei verwendete Methode basiert auf der natürlichen menschlichen Gabe, sich Wörter zu merken, die immer wieder und systematisch im Text auftauchen. Sätze werden stets aus den im vorherigen Kapitel erklärten Wörtern gebildet. Audiodateien sind inklusive auf www.lppbooks.com/English/Englische_Fragen/ erhältlich.

Das Erste Englische Lesebuch für Familien
Zweisprachig mit Englisch-Deutscher Übersetzung
Niveaustufen A1 A2

Das Buch enthält eine Darstellung der englischen Gespräche des täglichen Familienlebens, wobei die Texte auf Englisch und auf Deutsch nebeneinander stehen. Die Lektionen sind in mehrere Blöcke unterteilt: Vokabelliste für den täglichen Gebrauch, zweisprachige Texte, und Verständnisfragen zu den Gesprächsinhalten. Die dabei verwendete ALARM-Methode basiert auf der natürlichen menschlichen Gabe, sich Wörter zu merken, die immer wieder und systematisch im Text auftauchen. Sätze werden stets aus den im vorherigen Kapitel erklärten Wörtern gebildet. Audiodateien sind auf www.lppbooks.com/English/EELF inklusive erhältlich.

Thomas's Fears and Hopes
Plain Spoken English with Idioms
Bilingual for Speakers of German
Pre-intermediate Level B1

Thomas war zu seines Vaters Beerdigung nach Georgia heimgekehrt. Er wurde informiert, dass er das ganze Vermögen bekommen würde, denn er war ein Einzelkind. Da passierten einige Ereignisse, die ihm eine Furcht einjagten. Die Audiodateien sind auf www.lppbooks.com/English/PlainSpokenEnglish_audio/ inklusive erhältlich.

Fremde Wasser
Zweisprachig mit Englisch-deutscher Übersetzung
Stufe B2

Mitgründer eines Zwei-Mann-Unternehmens zu sein hat seine Vor- und Nachteile. Das kalte Wasser der Selbsttätigkeit ist aber nicht für jedermann geeignet. Die Audiodateien sind auf www.lppbooks.com/English/BusinessStartupEndeavor_audio/ inklusive erhältlich.

Das Erste Touristische Lesebuch für Anfänger
Zweisprachig mit Englisch-Deutscher Übersetzung
Niveaustufe A1

Das Lesebuch ist ein Kurs für Anfänger, wobei die Texte auf Deutsch und auf Englisch nebeneinanderstehen. Es ist der ideale Begleiter für alle, die Sprachen unterwegs lernen wollen. Das Buch enthält am häufigsten gebrauchten Wörter, einfache Sätze und Redewendungen, um sich schnell zu verständigen. Die dabei verwendete Methode basiert auf der natürlichen menschlichen Gabe, sich Wörter zu merken, die immer wieder und systematisch im Text auftauchen. Sätze werden stets aus den im vorherigen Kapitel erklärten Wörtern gebildet. Audiodateien sind auf www.lppbooks.com/English/ETLA inklusive erhältlich.

Who lost the money? Wer verlor das Geld?
First English Reader for Beginner and Elementary Level
Das Erste Englische Lesebuch für Stufen A1 A2
Zweisprachig mit Englisch-Deutscher Übersetzung

Der erste Teil des Buches erklärt mit Beispielen den grundlegenden Satzbau der englischen Sprache, wobei die Texte auf Englisch und auf Deutsch für einen leichteren Einsicht nebeneinander stehen. Der zweite Buchteil, der auch aus einfachen Sätzen zusammengestellt ist, stellt einen Krimi dar. Die dabei verwendete ALARM-Methode basiert auf der natürlichen menschlichen Gabe, sich Wörter zu merken, die immer wieder und systematisch im Text auftauchen. Sätze werden stets aus den im vorherigen Kapitel erklärten Wörtern gebildet. Die Audiodateien sind auf www.lppbooks.com/English/WLM/ inklusive erhältlich.

Unexpected Circumstance
Zweisprachig mit Englisch-Deutscher Übersetzung
Niveaustufe B2

Die forensische Wissenschaft war eine von Damien Morins Leidenschaften. Inzwischen betraf das erste wirkliche Verbrechen, dass er untersuchte, seine eigene Vergangenheit. Die Audiodateien sind auf www.audiolego.com/English/Lopez/ inklusive erhältlich.

www.ingramcontent.com/pod-product-compliance
Lightning Source LLC
Chambersburg PA
CBHW080340170426
43194CB00014B/2628